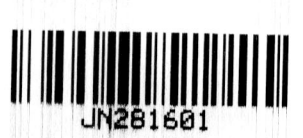

スタートライン
社会学

久門道利
齊藤幹雄
杉座秀親
山本一彦
石川雅典
著

弘文堂

はじめに

本書は「スタートライン」シリーズの一冊として、これから社会学を学ぶ人のための道案内人として、また社会学を学びなおしてみようとする人のための伴走者として、役に立つことを目的に編まれました。

いま社会学を学ぶスタートラインにたっているあなたは、じつはすでに社会学の専門用語を日常生活のなかで見たり聞いたりするだけではなく、使っているのです。社会はもちろんのこと役割や集団、家族、地域社会、雇用、情報、規範などといった言葉を一度も聞いたことがない、話したことがないという人はいないと思います。

しかしはっきり理解しないまま使うことと、用語として身につけて使うこととでは、大きな違いがあります。その違いは、自分と他者との関係を知ろうとするとき、理解の深さの差となってあらわれてきます。

たとえば家族問題、地域社会の解体、失業、バーチャル・リアリティ、犯罪というような社会問題に出あったとき、それを知る手がかりの一つが、社会学の用語のなかにあるからです。

そのために、私たちは次のことに気をつけました。まず社会学であつかう用語はとても身近にあるので、それを一度さえぎり、用語の定義をわかりやすくしました。そのため事例をとりいれながら、用語の説明を助けることにしました。読者となるあなたが本文を読みながら、索引と往復する回数を増やし、用語の理解に時間を費やすことを願っています。

二つ目に、本書は1960年代を前提にしています。この時期から今日まで、社会の一部や全部が変わる社会変動という用語は、社会学から社会を診《み》るさいに欠かせなくなりました。社会という内容が変わり続けるので、それを診る社会学の立場も多様になりました。この時期がいかに大きな転換期であったか、本のなかみを読んでみればわかります。

そして三つ目は、社会学を学ぶ理由になります。いま時代は「どんな人であるか」というよりも「何ができる人か」という専門性を重んじるようになりました。資格の取得がやかましいほど叫ばれています。しかし資格の取得は重要ではあっても、生活のすべてを解決することはできません。専門という狭い窓から社会をみることになりかねないのです。これまで私たちの経験したことのない変化の激しい社会は、その窓枠を固定することを許しません。それというのも、生涯にわたって変化していく人間関係が、変化に対応できる広い視野を持ち続けるよう私たちにもとめているからです。そのためにも過去の社会学の知見に学び、未来にそれをいかすことの意義は少なくありません。本書がその役割を果たすきっかけになれるなら、これに過ぎる幸せはありません。

最後になりますが、お互いに遠く離れた職場にいる執筆者たちのネットワークを調整し、寛容な姿勢で執筆を励まして下さった弘文堂の世古宏氏には、おかけしたご迷惑をお詫びするとともに深く感謝します。

2005年2月

執筆者を代表して　　杉 座 秀 親

【注】重版に際し、第8章第3節「わが国の社会福祉計画」の内容を最新の動向に書き改めました。

目次

第 2 章

第 3 章

第 5 章

産業・組織の人間問題 113

齊藤幹雄

第 6 章

情報化を生きる 139

山本一彦

第 7 章

逸脱をどのように考えるか 161

石川雅典

第 8 章

成熟社会における社会福祉　183

久門道利

第9章

社会学のあゆみ　211

杉座秀親

第 1 章

社会学で日常生活を案内する

杉座秀親

1

前世紀後半の技術革新が、社会をおおきく変えつつある。
しかし技術は豊かさをつくりだしたが、社会的不平等を共存させている。
この状況へ対応するには社会学的感性が必要となる。
現実から出発して、現実が個人の生活史とそれを圧する
歴史的および全体社会との関係で成立している。
この両方から社会的現実をとらえる能力である社会学的想像力を説明する。

2

社会学的想像力をさらに深めるために、
地位と役割、集団類型、組織、社会制度、文化などの用語を学ぶ。
これらは時代や地域のなかで構成された概念であり、
社会学的な見かたや考えかたを身につけるために
通過しておかなければならない。

3

社会的現実に変動が発生したばあい、
社会学では変動の要因をつきとめる方法がいくつかある。
現在、社会学研究法として認められている調査法を説明する。

1 日常生活へのとりかかり

1. 技術革新と近代社会の変容

近代社会の物語は、人間の理性からつくりだされた自由と平等と友愛の関係を語りの中心的価値として、進歩へのかぎりない信頼に支えられていた。とりわけ技術の進歩は、私たちの求めに応じて生活をより快適にするシステムを開発して発達してきたことは事実である。しかも快適さは社会的には大量のモノにかこまれた豊かさという敷地に、自由な国家を築いた。しかし自由を重んじるあまり、しばしば平等は軽視され、自由よりも平等を求める国家がつくられた。とはいえ両者は技術の進歩と経済の成長ないし発展を認めることについては共通していた。

20世紀後半の代表的な技術革新はそれまでの技術にくわえて、第一にヒトやモノを航空機で大量に輸送できるようになったことである。今日では国内外を問わず主要都市をはじめとして空港が建設され、航空機の離着陸によって国と国のあいだにネットワークを形成している。第二は水力、火力、原子力などのエネルギーで電気がつくれるようになったことである。なかでもつねに不安がつきまとうものの、わが国の原子力発電は総発電力の30%以上を占め、火力発電と合計すると50%以上となる。これらの技術が環境に与える影響についてさまざまに論じられるとはいえ、代替エネルギーがこれと同等の発電量をカバーできるまで、このエネルギーに依存しなければならない事実を否定できない。第三は航空機や原子力発電の情報処理力を飛躍的にたかめたコンピュータを加えることができる。コンピュータはわれわれの日常生活を根底から変えつつある。生活の変化とは、技術の発達によって個人と社会を結びつけるはたらきをする制度に変更をせまり、ひいてはわれわれのモノの考え方や感じ方をも変えていく過程をさしている。

しかし技術は人間の理性の産出した一つではあるけれどもすべてではない。かつてミルズ（Charls Wright Mills）は「技術的豊富を人間の質と文化の進歩との象徴とみなすことは決してできない」（傍点訳書　1965）といった。近代社会のもたらした工業化という進歩の物語は、ミルズの問いに答えているだろうか。生活が高度に技術化したとはいえ、南北問題、ジェンダー、階層化、職業的地位、エスニシティなど、社会学が取り組むべき課題は、依然として社会的、経済的不平等についてなのである。社会学は工業化のもたらすシステムの恩恵とともに予期せぬ事態を研究対象とする。いま情報社会や消費社会、成熟社会などと命名されている社会は、近代社会の終焉を予見し、新たな社会の到来を暗示しているのだが、それらに共通していることは、近代社会を支えてきた社会秩序のゆらぎである。したがって社会学の課題は、新たな秩序を構想することにある。

２．携帯電話と社会学的想像力

社会は私生活にも重要な変化をもたらしている。コンピュータ（マイクロプロセッサー）がつくりだした一つの機器である携帯電話のもたらす便利さは、はかり知れない。携帯電話は1990年代前半に200万台程度であった加入者数が、1995年から若者を中心に急増し、現在では8,466万台を数え、老若男女にひろくいきわたり個人の所有する数も限界にたっしている（2004年現在、電気通信事業協会調べ）。いまでは、携帯電話というより「ケータイ」というだけで何を指しているのか分かるほど普及した。ケータイはこれまでの電話と比べいつでもどこでも何度でも話せるという基本的な機能をもつ。またインターネットに接続することでレジャー情報の収集や銀行振り込みなど多様な機能が開発されている。携帯電話はいわば個人の身体のようになってしまっており、自分で情報を管理しているような気にさせる。

しかし便利さは、さまざまな変化をひきおこす。たとえば経済的効果からみれば、ここ十年ほどの携帯電話の普及率は、街角の公衆電話の激減という現象になってあらわれた。これによって固定電話の生産量は減少する。また公衆電話に欠かせないテレフォンカードは必要なくなる。さらに携帯電話は手帳や時計の機能をもつので、それらを持ち歩くことで手帳や時計の生産高をにぶらせる。このような変化は、それらの仕事にたずさわっていた労働者の仕事をうばうことになる。また携帯電話が普及するまで、それらの仕事にたずさわることで安定していた収入は期待できなくなった。もちろんこれに変わって新しい仕事があらわれる。ただし携帯電話の機能はつねに更新されるので、企業では若年の労働者に技術進歩に対応できる技術を身につけさせるよりも、すでに仕事の経験をしたり資格をもっている人を雇ったり、さらには技術変化に対応できる会社に仕事を委託したりするほうが費用の面でより効率的である。このように携帯電話の普及は、個人の便利さとひきかえに日常生活を高度な近代性（ハイ・モダニティ）、いわゆる究極の効率化を追求する場に変えており、そのはてに失業という思わぬ事態をつくりだしているのである。1980年代からはじまるリストラ、1995年以降漸増し続けるフリーターは、ほかの原因もさることながら、携帯電話もふくめたコンピュータの普及と無関係とはいえない。

経済的効果とともに、ネットワーク社会の進展はこれまでの家族、地域社会、組織、国家に対するわれわれの見方に変更をせまっている。ほとんど身体の一部になったといってよい携帯電話にみられるように、ネット社会の展開はわれわれの生活をこれまで経験したことのない領域に置いている。これからの生活の内容はどのように描かれるのだろうか。望ましい社会の実現をめざすにあたって、その社会を支える公正さや価値はどんなものなのだろうか。そのために現在という時間は、望ましい未来のために過去をどのように解釈すべきか、という課題をつねにわれわれに問いかけている。

携帯電話からえられる便利さという自明の経験を個人のなかにとじこめておくだけではなく、その普及の過程や社会全体を日常生活の個人的な経験とつき合わせてみる力をやしなうことが社会学を学ぶさいの出発点である。つまり生活しているかぎり、一人ひとりが社会的世界をつくりあげているとともに、その社会的および歴史的世界が一人ひとりの生活に深刻な影響をおよぼしている。社会的不平等にさまざまに考えをめぐらすということは、それを把握する力、すなわち社会学的想像力を持ち続けることと同じである。

2　社会学的に見ること考えること

われわれは社会を明確に説明できないけれども、たしかにさまざまな人の集まりを経験する。しかし日常生活は、多くの人々の関係を左右し統制しながら待ち望んでいた方向に変化してみたり、これまでと同じように変わらないものであったり、さらには戦争や不況あるいは犯罪の発生などについて警告を発したりしている。こうしていま自分の置かれている状況に意味を与え、その解釈を助けてくれるのは他者であることを人は知る。他者とは、私が見ること、感じること、考えること、行動することなどに影響する人やモノのことである。このように人は自分以外の人なしでは生きていけないから、社会的存在である、といわれるのである。社会学は、社会的存在としてさまざまな人々が取り結ぶ関係を研究する。したがって社会学的な見方や考え方とは、この結びつき方を学ぶことにほかならない。社会のなかでは政治や経済、法律や教育あるいは宗教などさまざまな現象が毎日くりかえされている。そしてそれらをとりあつかう学問分野は政治学や経済学、法学、教育学、宗教学などとして確立している。しかし「現代の若者は就業意識が低い」といわれるとき、この問題は教育学や経済学など特定の領域の問題としてだけであつかえる現象ではない。むしろ就業意識の低い人の生活意識、所属ないしは準拠している集団のありかた、あるいは就業をはばんでいるさまざまな制度をとおして「その人と社会とのかかわり方」から、就業問題をとらえなおすことが求められる。すなわち就職したくてもできないことから予想される社会的不平等が、「その人と社会とのかかわり方」の現実だからである。社会学のものの見方や考え方の基本はそこにある。

ここで社会とは、ある地域に住む人々が、彼らの認める政治的な権力にしたがいながら同じ文化をもち相つうじるアイデンティティを共有している場および時間のことである、ととりあえず定義しておこう。そしてふだんの会話のなかで交わされている言葉が、社会学でもおなじ表現で使われていることを知るであろう。ただし社会学的に見ることや考えることのために使われる用語を理解するためには、ふだんの使い方をストップさせ、人間関係の結びつきを論理的に理解する心がけが必要である。

1. 地位と役割

ずいぶん前から、「いまの親は自信をもって子育てできないのではないか」といわれてきた。この一文の評価にはふれないとして、ありふれたこの文の中に地位と役割があらわれている。親は子との関係において親という一定の位置を占めている。幼なければそれだけ子は扶養のすべてにわたって依存しなければならないので、子は親の位置を尊敬し、信頼し、従う。このように位置が個人や集団から尊敬や信頼をあつめ、それゆえに服従させることを社会的地位ないしは地位という。地位は二つに区別される。ある女性がパートナーを選び出産し、母親になるとする。女性として生まれた本人は生涯その性を変えることがなければそれは生得的地位（ascribed status）といい、結婚して母親になるのは人生の選択であり彼女の努力の結果として得られたのであるから、それを獲得的地位（achieved status）という。

次に親という限られたなかで地位をみれば、そこには親として社会的に期待された行動のパターンがある。それは役割といわれ、権利や義務そして責任をふくんでいる。このパターンはしばしば演劇の配役、すなわち役割にたとえられるが似て非なるものである。親が子を叱るとき、子どもの行動に応じてどのように叱ったらよいか考えるだろうし、そして子どもが叱られたことをきちんと受け入れるだろうと予測するだろう。この場合役割とは、親のなかで叱るときの準備がすでにできており、いつでも行動にうつせる状態にあることをいう。もちろん、親が子を叱るとき、子は一方的に服従したままでいることはない。ただ、親子はこのような衝突をくり返した後にそれぞれ反省しながら、お互いに秩序をつくるのである。

また、先に述べた女性が子にとって母親であり、夫に対して妻であり、さらにある職業をもって組織のなかで地位をもち、かつてのクラスメートと談笑して時間を過ごす。このように一人の人は、多くの地位とそれに応じた役割をもつ。これらの役割はしばしば対立することがある。働いている母親が、仕事を仕上げなければならない日に子どもが病気になった場合、二つのことなった役割は彼女をどちらの役割をも果たすことを要求する状況におく。このような状況は、役割葛藤といわれる。

さらにいま子育てをしている若い母親がやがて年老いて介護される母親になってしまうというように、その人の人生をとおして役割は変化する。このように地位と役割は、人々の行為を理解する一歩となる。

2．集団の類型と組織

親と子の関係でみたように、地位と役割は自分以外の人との関係で成り立っている。その関係がある程度規則的な秩序をたもっており、関係に同一の意識を感じているとき、その関係を集団という。集団は目的を達成するだけの集まりではない。さきの家族という集団をのぞいてみると、そこには家族成員のあいだにしかみられない関係によって集団が形成されている。成員は父親、母親、子どもといった地位でよばれるとともに、一人ひとりの行動や考え方はつよい絆で結ばれている。

●第一次集団と第二次集団

家族や同じ年齢の人の集まりである仲間集団、地域集団としての町内会のような小集団では、成員のあいだで相対的に長期にわたって直接的な接触が交わされるので、相手を思いやる親密性も高くなり、それにつれて情緒的な愛着も増す。こうした特徴を持った集団をクーリー（Charles Horton Cooley）は第一次集団（primary group）と規定した。

これと対照的に、看護師や販売員のように特定の目的を達成しなければならない集団は、できるかぎり人間関係を表面的にたもち、私情を排除することでなりたつ。このような集団はその後の研究者たちから第二次集団（secondary group）といわれるようになった。患者に接する看護師は、患者の立場に立つべき職業であると期待されるので、患者を不安にするような感情表現をできるだけ抑えなければならない。すなわち患者の不安を取り除くような感情の規則にしたがって看護師という役割を演じなければならないのである。このように患者のまえの看護師の役割は、感情を管理することで成りたつ職業である。このような職業にたずさわる労働の役割は高度に構造化されており、特定の感情規則にしたがって役割遂行をするので、感情労働といわれる。

どんな集団であっても、集団成員個々の意識の総計とはべつな独自のリアリティをもつ。したがって集団内の地位が変わっても、その基本的な構造には変わりはない。とはいえ家族のような第一次集団のばあい、成員の離婚や死亡といったストレスは集団の絆を緩めてしまう。ただし、第二次集団では、成員が欠けても、高度な役割の構造化によって新しい成員を加入させればよいので、第一次集団ほどストレスに影響されることなく維持される。そして第二次集団の定義の範囲をこえてしまうが、人種やジェンダー、民族や宗教との関連でも、地位は個人のアイデンティティを強固にする役割をはたしている。民族紛争はその例である。

●コミュニティとアソシエーション

マッキーヴァー（Robert Morrison MacIver）が提唱した集団類型である。コミュニティ（community）は、集団類型のなかでも社会学研究者のあいだで使用頻度の高い用語の一つである。成員が強いアイデンティティで結ばれている社会集団を共通の概念としているが、次のように枝わかれしている。

- 地方性として：一定の地理的地域がアイデンティティの基盤となっていることをさしていう。
- 地方的な社会システムとして：完全に構造化されているとはいえないが、おおむね人間の結びつきが安定している。地方性に近い場合をさしている。
- 人間の結びつきの典型として：地理学によって分割された場所にみられる強力なアイデンティティの結合感覚をさしている。

コミュニティは日常生活の人々のつき合いから宗教的信念をもつ集団、あるいは民族的なアイデンティティ、国民感情などにまで同じ意味でつかわれている。

地方性ないしは地縁性をもとにしているコミュニティに対してアソシエーション（association）は、特定の目的の実現をめざして人為的に結びついた家族、国家、労働組合などの集団をさす。

●ゲマインシャフトとゲゼルシャフト

テンニース（Ferdinand Tönnies）の集団分類で、ゲマインシャフト（Gemeinschaft）は工業社会以前の時代、すなわち農業社会の人間の結びつきのことである。人間関係は閉鎖的であり、それゆえ親密性にあふれている。そこに住む人たちは男女に関係なく、毎日顔をあわせるので自分以外の人をよく知っている。いわば全人格的な結合の形をとるので、お互いになくてはならない人という感覚で暮らしている。

ゲゼルシャフト（Gesellschaft）は都市の人間関係を典型とする。都市の人間関係はお互いに所属する集団がことなるので、間接的な関係を前提としており、表面的な関係ゆえに、その場かぎりで終わる関係が多く、計算高い面をもっている。買い物をしているあいだの客と店員の関係はよく目にする場面であり、店員は客の社会的地位やこれまでの経歴に対応するのではなく、買う人と売る人のたいていは一回限りの関係であり、店員はいかにしたら買ってもらえるか、それだけを考えて対応すればよいのである。

●組織

ところで第二次集団は、特定の目的を実現するためにさらに地位を複雑なネットワークに構造化し、組織（organization）といわれる集団をつくる。組織は国内のみならず世界的な規模で活動する企業、宗教集団、その他さまざまな団体として活動している。組織は、①これからその成員となる個人よりも先に組織体としての歴史をもっているので、個人は組織の一部門に配属されること、②それによって目的実現のため、組織のなかで個人はどのようにふるまうべきか組織との契約にもとづいていること、③契約にもとづいて意思決定と実行の仕方を決め成員を統制すること、④さらに組織はすべての成員に組織の役割とそれにともなう義務を配していること、という特徴をもっている。

3．社会制度

地位と役割、集団と組織体が安定すれば、人々はそれらをとおして社会的欲求を実現できる。そのためには安定をもたらす装置が必要である。社会は個人の行動を安定させるパターン、つまり規則を身につけさせ、秩序を確立することによって、個人の行為すなわち社会関係の範囲を作り上げ、一定の結果や成果をだすことに関心をむけさせる。それが社会制度である。社会制度は集団を存続させるはたらきをする。

家族は親密な集団とみなされているので、秩序などないようにみえる。しかし成人の性的ないし婚姻関係は、インセストタブーや配偶者以外の人との関係を禁じており、その規則は法で定められている。また新しく子は誕生しても、その社会で育てられていく過程は特定の言語を習得することに象徴されるように、すでに用意されている。ただ子どもが社会の一員となるために家族の果たす役割を欠かせないとはいうものの、家族だけでは複雑化した社会に対応できない。そこで学校という教育制度が準備され、つねに変化しつつある社会の求める知識の量やレベルの高さを長い時間をかけて習得するシステムが確立される。教育は学歴や習得した特定の知識によって個人の将来のキャリアと深くつながっており、社会生活における自分の位置を教えてくれる。

さて、社会はどのように混乱を避け、秩序を守ったらよいかについて考えを張りめぐらしている。そのためには行為を規制する法律やさまざまな法に準ずる規則を制定し、それを実施しさらに法や規則について論ずる政治機構がなければならない。法や規則は社会の複雑さと対応しており、新たな社会問題の発生に直面すれば、政治の場において変更される。

政治とともに生活のもう一方を支えているのが経済制度である。社会には資源を集積し、それを財や必需品に加工し、人々に配分する仕組みがある。この仕組みを操作するさいの調整のし方や、促進する方法がある。具体的には銀行や会計事務所、保険会社、コンピュータネットワークは、集積・加工・配分のさいの交換を促進するはたらきをする。

政治と経済が現実にシステムとして生活を動かしているなかで、人々は生きる意味や目的を考える。宗教は、個人にそれを理解する信念体系をもたらす。宗教を拒絶しているとしても、初詣をする人、神社で志望校への合格祈願をする人、死に直面した人の回心など、人は自然を超えた見えない力に依拠したいと思うことがあり、その意味でも宗教的に無関心であるとはかぎらない。このように宗教は人類にとって永遠でしかも強力な制度であるといえる。

死は老いや病気の延長線にある。現代の医療や介護の技術の機能は、延長線をできる限り長くするためにある。医療技術の進歩とともに、人は健康への気づかいに敏感になる。健康への気づかいは、医師や看護師、病院や薬剤業はもちろんのこと、薬や医療器具、病気に対する知識などへの対応を深める。また健康への気づかいにかんするヒトやモノは、この制度のなかで治療する側とされる側にわかれたり、治療される本人をはげましたりと積極的に演技することになる。

最後に軍事制度がある。軍事の目的は外敵をしりぞけて社会の安定を維持することにある。したがって防御だけでなく、他国に領土や資源をもとめ、あるいは国家権力をしめすための攻撃もふくむことになる。

以上の諸制度が安定していれば、人は安心して生活を送れる。しかしながら自然災害や社会的に大きな事件が発生すると、社会制度も変わらざるをえない。たとえば現代の少子化問題は、ここにあげた制度のほとんどに変更をせまっているといえよう。このように制度の成果や結果を分析することが社会学の得意とするところである。ただし、それを動かすのは日々の社会関係である。制度の背後にある社会関係、例えば労働の場においてフォーマルな関係もさることながら、インフォーマルな関係も生産に関連していることはよく知られている。

4. 文化

文化とは、「生活のしかた」のことである。それは時代、地域、性別、年齢、生活用品などによる違いと特殊性としてあらわれる。ある社会の特殊性は、そこで使われている言語、それをもとに成り立っている価値や信仰や規則そして行動、あるいは先史時代の人の使用していた生活用具などとして表される。なかでも言語は人間に区別できる働きをあたえ、世代から世代への文化の伝達を可能にする。言語には私だけでなく他者にも共通する性質があり、相手の意味を了解する構造的な形式がある。すなわち相手の言語をまったく知らない同士のコミュニケーション方法は限られてくるということである。したがって言語は何かを説明する手段としてだけの働きをするのではなく、それ自体行為であるともいえる。

言語が行為であることを、価値と規範にみてみよう。価値は自分の望ましい目標や成果を決めるさいの判断基準となる。またそれは自分と相手の価値基準のちがいを示す基準ともなる。しかし「望ましい」こととはいえ、価値は社会的な規則を正当化し、いかに社会的に行動すべきかの判断をくだす。言語で表記された法律はその典型である。いずれにしても価値は個人間や国内のさまざまな集団のみならず、家族集団ひとつとっても、国家間のちがいをあきらかにする。判断基準は文化的に行為を規制する規則、すなわち規範となる。日常生活のさまざまな状況のもとで、いかに行為すべきかを人は知っている。このように、言語は望ましい行為をコトバにあらわして、実行させる力をもつ。

ところで1970年代後半の社会学にはポスト・モダニズム（脱近代主義）という新しい流れがでてきた。その立場は、社会の不確実性を強調し、その名のとおりこれまで近代社会のもっていたゆるぎない価値と規範の確実性は吟味されかつその土台を切りくずされつつあると主張する。したがって社会に対する絶対的な解釈や規則などありえず、ゆらいだ社会とグローバル化のもとで日々の生活がくりかえされているだけだというのである。文化は、1980年代から1990年代にかけてその意味内容について、社会構造に焦点をしぼることから立ち退き、記号論や現象学あるいはフランスの現代思想から影響をうけて文化の形式を見ることへむかった。彼らにとって、社会は合理性をもっても理解できないのだから、絶えざる変動にしたがうしかないのである。だからもっとも系統的に論じられたテーマは、美術や映画、文学、音楽、ファッション、メディア、近代という大きな物語にかわる小さな物語を語る思想などにわたり、そこではハイ・カルチャー（高級文化）やポピュラー・カルチャー（通俗文化）といった文化の差異が語られた。

さて、ポストモダンの社会学は、文化と権力の関係をマイノリティ（多数に対して少数）の側から見ていくところに特徴がある。行為者が規範に反した行動をしたとすれば、それは逸脱行為とみなされる。文化相対主義的な社会において、逸脱行為はどのように規定されるのであろうか。社会統制論、レイベリング理論、社会構築主義などが、それを研究するおもな分野となっている。

5．グローバル化とネットワーク化

これまでふれた地位と役割、集団、組織、社会制度、文化は、今日の社会ではより広範囲な社会的かつ歴史的な影響をうけることなしに存続できない。かつてマクルーハン（Marshall McLuhan）が地球的規模の情報網の発展をさして「地球村」（グローバルビレッジ）と名づけた。こうして情報網を基盤に地球的規模で社会ないし国家が相互に依存を深めていく過程をグローバル化という。経済でいうならば国境を越えて企業が生産活動することはグローバル化としてみなされている。工場の設立は国内に限定されるだけではなく、世界各地に分散している。有名なファーストフード店が世界各国に点在して、そこでの作業はその国の独自の文化とはあまり関係なく、いわゆるマクドナルド化といわれるような標準的なマニュアルにしたがっている。それとともにいまや金融市場は最速の情報処理技術なくして世界を結びつけることはできない。というのも資本と資源がつねに世界的に配分されなければならない時代に人間は生きているからだ。国家間の配分はすなわち国内の消費の調整を左右するからである。グローバル化といわれても具体的に目に見えるものではないが、他国で生産される石油や食料品の価格が高騰し、入手しようとして対価を支払うさいに購買力に不平等性がみられるとき、われわれはグローバル化のなかにいる。あるいは雇用の場を得たり失ったりすることも、所属している企業との雇用関係だけではなく、国内外を問わず利潤追求という目的をめぐって企業のグローバル化が進展しているからである。

これとともに文化のグローバル化は、世界的規模の競争の激化とともに人工衛星や海底ケーブルをとおして国外で発生した事件を各家庭に伝えられるメディアの速報性をイメージするだけで十分であろう。競争によってメディア産業は寡占化し、支配力を強める。くわえて、世界の大都市に人口が集中し、それが経済活動やメディア産業の拠点となることも必然となっている。

グローバル化は社会のネットワーク化と深くつながっている。ネットワークはもともと放送網や鉄道網にみられるように、網の目状の組織を意味していた。テレビは中央のいくつかの局からそれぞれ全国各都道府県の系列局にネットワークしている。これをある一つの系列局からみれば、そこが基点となって全国と関連している。それぞれの局を基点とみれば、全体として網の目状の組織ができあがる。こうしてネットワークは中央対地方というタテの系列もさることながら、基点を全国各局に移せばそれぞれが中心となり、対等なヨコの関係を連想させる。

ところでＩＴ革命とともに、ネットワークは二つの方向に役立つようにはたらいている。一つはビジネス界で、いま一つは個人的な人間関係の世界においてである。少なくともビジネスの組織内のネットワークは、パーソナルコンピュータの配置によって組織の上部と下部が中間のポジションを経由しないで情報交換することや、迅速に大量の情報交換を組織内や国境をもふくむ外部へ拡大できるように変わった。ただ、組織の巨大化いわゆる官僚制の目的は、その始まりから高い経営目標達成のために日常の実務をできるかぎり合理化し、効率化することにあった。そういう意味ではインターネットは官僚制の論理に合致する。目標の設定は分業のすみずみまでトップダウン方式で伝えられるであろう。また目標達成のために、効率化と合理化という組織の近代化を徹底的にすすめるであろう。景気の変動によって組織改革を推し進めコストダウンをはかることをリストラクチュアリングというが、今日ではリストラと略称され、それは解雇と同じ意味となった。これによって雇用形態は正社員を減らし、派遣社員・臨時社員など景気の変動によって雇用の規模を柔軟にできるようになった。企業と大学は産学協同という連携のもとで地域独自の研究開発をすすめ、国内市場にむかって流通システムを確立する。このように地方自治体や企業の官僚制化は、ネットワークによって高度な近代化を達成したといえよう。これは国内のみならず、情報が容易に国境を越えていく現在、国際間でも似たような状況にある。

一方で個人を基点としたネットワークが発達している。それは自発性や無償性を行動の基点とするボランティアにみられる。ボランティアは自発性という定義から、やってもやらなくてもよいという選択をすることができる。人災や天災に見舞われた現地において、関わる範囲を自分で決定するのだが、やるからには自分で判断し、結果の責任は自分に返ってくることを自覚しなければならない。また無償性つまり利害をこえた行動を前提とするので、活動に対する評価や対価がないからといって不服を申し立ててはならないのである。行政の組織下におかれると、ボランティアはさまざまに規制されその精神を生かしきれない。一方でボランティアを学校教育の一環にとりいれたり低額の対価をもとめたりという実態もある。利潤目的よりも社会的貢献に目的をもつＮＰＯ（民間非営利組織）はこの延長線にある団体といってよい。とりわけ今後高齢化にともなう介護を例にするならば、行政と民間はサービス提供者と享受者を区別しているが、自発的に結成された団体であるＮＰＯではサービスの提供者と享受者との自発性の一致によってなりたつ関係も視野にはいるだろう。双方の自発性を前提とするこのようなサービスは、行政や民間とどのように違うネットワークを形成できるか、今後の課題となろう。

これとの関連では、ネットワークは同好の集団間はもちろんのこと、見知らぬ個人や集団（異質性）との関係をどのように変えていくのであろうか、また社会的不平等是正にどのような効果をもたらすのであろうか。さらには効率化と合理化から離反する方法を官僚制がどう受け入れるかなど、ネットワーキングはこれからもわれわれのライフスタイルに影響をあたえ続けるであろう。

3　社会的現実とその調べ方

1．社会的現実と社会調査

社会的現実とは、個人の心のなかにある現実ではなく、日常生活をおくる人々が彼らの相互作用をとおして作りあげたものである。したがって社会的現実はその人たちがイメージする社会のあり方やその範囲を決める根拠となる。時間がたつにつれて、現実の根拠はさらに強固となり、疑いようのない現実となってしまう。人の行為はつねに相手に向けられており、相互作用によって生じている状況の解釈は、相手とともに構成したリアリティにもとづいている。したがって何がリアリティなのかということを、人は相互作用をとおして学ぶ。当事者たちの背後には、当事者たちと同じ行為をする人たちがおり、さらにそれを広く文化がとりまいている。私たちの文化では､自分からみて相手の地位が上か下かに応じて、自分の立場を表現する方法を知っている。

これらのことから個人、集団、社会制度などは時間をかけて構成された現実であるといえる。また、構成されたゆえに社会的現実は時代や地域あるいは個人の認知によってかたよることがある。偏りやズレは規範や規則に対する例外のことであり、社会学はこの例外を社会問題としてとらえる。そのとらえ方が社会学の見方や考え方にもとづいておこなわれる社会調査法にほかならない。例えば「虐待」､「少子化」､「中高年の自殺」など、人々の目をひく現象は、個人や集団のみならず、社会制度をゆるがす社会問題であり、解決を必要としている。したがってどのような分析方法が問題にアプローチするさいに適切か、それによってどの程度の理解が深まり社会学的想像力を刺激し、リアリティをより確かなものにできるかが鍵となる（今田：2000)。

フランスの社会学者デュルケーム（Émile Durkheim）は、彼の研究生活中期の代表作である『自殺論』(1897) のなかで、自殺という社会現象を次のような手続きをもって探究した。自殺は個々の自殺の発生ではなく、「社会的自殺と名づけた限られた事実にもとづいている条件を究明する」(問題の限定)

さまざまな集団にかんする公式的統計と歴史的記録を比較観察する（文献検討）。次に自殺は社会的凝集性の強弱に関係しているものであり、居住地では農村生活者よりも都市生活者に、宗教的にはカトリックよりはプロテスタントに、居住形態から既婚者よりは単身居住者に多いと推論した（仮説の明確化）。デュルケームは、社会的凝集性の弱体化は人々の不安を大きくし、不安と自殺率が相関していることを導くために、国家から詳細な統計資料を収集、比較し（調査方法の選択、調査の実施）、カトリック教徒はプロテスタント教徒より社会的凝集性が高い、ゆえにカトリック教徒という集団はプロテスタント教徒の集団よりも自殺率が低いと推論され、広くは集団の社会的凝集性の強弱と集団成員の関連として再構成されることを立証した（調査結果の解釈）（倉沢：1968）。ここでは居住地や宗教、居住形態のようなお互いに変化する特性すなわち変数をあげ、それらを比較することによって類似性と差異を記述し分析する比較研究法（comparative method）を採っている。このようにして『自殺論』は（研究結果の報告あるいは理論的著作）今日、社会学の古典のひとつにあげられているのである。

さて社会学ではこのように確立した理論は、時代をへても、類似した社会現象が生じたときに仮説を導きだす役割を果たす。それによって社会現象の生じる理由を科学的に説明し、現代の自殺がどのような原因から発生し、今後どのような形で年齢層や性別、階層などに影響するかなどについて予測するのである。説明と予測は、社会学もふくむ経験科学の領域の最初で最終の目標となる。デュルケームの個別命題では、農村生活者より都市生活者に自殺が多いと仮説を立て、これが検証されればその命題の妥当性の確実性は高く、説明と予測をたてる根拠となる。逆に調査の結果それが立証されなければこの理論は修正されなければならない。自殺の説明と予測に関心をもつ人は、『自殺論』をさけてとおれないのである。
＊カッコ内は社会調査のさいの手順を示している。

2．社会調査法の類型

さて、リアリティにせまる方法は、人工的な記号である言語をとおしておこなわれる。したがって言語はすぐれてリアリティを引き出す道具となる。社会調査はおもに言語を媒介として、調査者と調査対象者との直接的および間接的コミュニケーションをとおしてリアリティにせまろうとするのである。現代の調査は、写真やビデオテープなどというビジュアルな言語も援用している。なお、調査の種類は、社会学に独自のものではなく、統計学や文化人類学、心理学あるいは文学の手法に学んだところが大きい。

次により確実性の高いリアリティを引き出す社会調査の方法をのべておこう。まず社会調査に共通していることは、現地におもむくことである。そして、調査は次のような方法で進められる。

●統計的調査法

数量的に社会現象をとらえ、統計をつくる過程の調査方法である。質問文で構成された調査票をもちいて多数の人々に関するデータを効率よく収集し、回答を正確に比較できる。この調査ではしばしば郵送法や留置《とめおき》法がとられるので、調査者と調査対象者は直接対面することはあってもきわめて短いかあるいは対面せずに進められることもある。したがって回答者が同じ選択をしても選択のちがいをみることや回答者の確信の程度を推し量ることはむずかしい。ちなみに最近ではインターネット調査の開発もすすめられている。

●資料調査法

トマス（William Issac Thomas）とズナニエツキ（Florian Witold Znaniecki）の共著『ヨーロッパとアメリカにおけるポーランド農民』（1918-20）で採られた方法は、膨大な日記や手紙、生活記録（自伝）といった記録や資料を読み込み、さらに生活史を駆使してデータの多様性および細密さに厚みを増し、すぐれた経験的研究となりえた。とりわけ歴史的研究（古文書の解読など）には不可欠の方法である。ただ、記録や資料の蓋然性はもちろんのこと、統計資料が現実の傾向をどの程度代表しているかに注意しなければならない。

●実験的方法

本来は自然科学の理論確立のために採られる方法で、それを社会科学に応用したものである。調査者は特定の変数に人為的に刺激を与え、そのおよぼす影響を統制することができる。実験のパターンが決まっているので、後続する調査者は、容易にこの方法を習得できる。この方法は社会生活から隔離した場所でおこなわれ、かつ実験という状況のもとで反応を確認されるので倫理的な問題もふくむことになる。

●フィールドワーク

現地調査、実地調査ともいう。この方法では、調査者が現地の調査地におもむいて未知のデータを収集することになるので、詳細な情報を収集できる。また調査対象者と対面しながら調査をすすめるので、情報の収集法を変えることもできる。現地で調査票を用いておこなう面接法、視覚による観察やビデオテープに記録する方法、自由面接法などがある。調査地の規模は大きくなく、そこでだけ得られたデータをそのまま一般化することはできない。

●生活史法

ある個人の生活歴のデータ（個人的記録や生活記録）をもちいて、個人の生涯にわたる信念や確信を社会的文脈と関連づけ、調査者が記録するという調査法である。先のトマスの著書で用いられた方法である。生活史は他の調査法と比べて、個人が主観的現実ないしは内的経験を話すことによって「この自分を明らかにすることにあり、それとともに生活が矛盾や混乱にみちた多義的な世界であり人々の態度も首尾一貫していないことも理解でき、さらには個人を生活総体の文脈に、歴史的社会的文脈に位置づけることで、個人と社会の相互関係や個人の成長がわかる」（桜井：2002）。なお、調査対象者と対面しながら、という状況におかれているので、対象者の記憶が文字どおり混乱、矛盾していることもあるので、個人の生活記録や同時代人の書いた資料、新聞記事などの情報源をもちいて記憶の妥当性をおぎなうようにする。

社会調査の対象は人間であり、調査する側も人間である。調査の対象者は、調査しているあいだにも生活している。たとえばある調査の回答者は限られた時間とおかれた状況のなかで回答したにすぎない。したがって調査法には一長一短がついてまわるのである。それゆえ社会問題にアプローチする適切な調査は、一つの場合もあるし、いくつかの組み合わせが必要なばあいもある。いずれにしても、適切な調査とは、デュルケームの方法からわかるように、調査結果が社会問題にどれだけせまることができ、高い妥当性をもって解釈できたかによって評価される。

【引用・参考文献】

- イーストホープ, G.『社会調査方法史』川合隆男・霜野寿亮監訳, 慶應通信, 1982（原著, 1974）.
- 石川淳志・佐藤健二・山田一成『見えないものを見る力』八千代出版, 1998.
- 碓井崧・丸山哲央・大野道邦・橋本和幸編『社会学の理論』有斐閣, 2000.
- 今田高俊編『リアリティの捉え方』有斐閣, 2000.
- 倉沢進「社会学と社会調査」綿貫譲治・松原治郎編『社会学研究入門』東京大学出版会, 1968.
- カステル, M.『社会学の思想２ 都市・情報・グローバル経済』大澤善信訳・解説, 青木書店, 1999（原著, 1999）.
- 高坂健次・厚東洋輔編『講座社会学１理論と方法』東京大学出版会, 1998.
- コリンズ, R.『脱常識の社会学』井上俊・磯部卓三訳, 岩波書店, 1992（原著, 1982）.
- 桜井厚『インタビューの社会学　ライフストーリーの聞き方』せりか書房, 2002.
- 佐藤郁哉『フィールドワーク』新曜社, 1992.
- デュルケーム, É.『社会学的方法の基準』宮島喬訳, 岩波文庫, 1978（原著, 1895）.
- 西垣通『ＩＴ革命』岩波新書, 2001.
- 原純輔・海野道郎『社会調査演習』東京大学出版会, 1984.
- 濱嶋朗「社会学的認識と価値判断」作田啓一・日高六郎編『社会学のすすめ』筑摩書房, 1968.
- 林知己夫編『社会調査ハンドブック』朝倉書店, 2002.
- ブルーム, L.・セルズニック, P.・ブルーム, D.D.『社会学』今田高俊監訳, ハーベスト社, 1987（原著, 1981）.
- ミルズ, C.W,『社会学的想像力』鈴木広訳, 紀伊國屋書店, 1969（原著, 1959）.

第 2 章

社会的存在になること

山本一彦

1

ヒトという動物は生まれながらにもつ本能がたいへんに弱く、
生物学的にプログラムされた資質だけでは、人間として成長したり
暮らしたりすることができない生きものである。
しかし、これはヒトが後天的に多くのものを獲得する
可能性をもった存在であることを意味しており、
われわれが複雑な社会をつくり上げ、
そこに適応して生きていることの基盤となっているのである。

2

人間は特定の時代と場所に身体を伴なって生まれ、
その時代・場所の文化を内面化して社会に適応することを学ぶ。
この社会化の過程は、個々人の自我の形成を促すことから、
幼少期には特に重要な意味をもっている。
それと同時に、社会化とは、
さまざまな他者との相互作用の中で
生涯にわたって続く過程であることが理解されなければならない。

3

複雑で異質性の高い現代社会では、
人は時として役割の緊張状態や葛藤状態に置かれることもある。
このことは、再社会化の過程に人を投げ入れたり、
また社会的逸脱行動を人にとらせることにもなりうる。

1 社会的動物としての人間

1．社会的剥奪

われわれは、互いに言葉を交わして他者の言うことが理解できるのを当然だと思い、日常生活のさまざまな場面では、社会が要求する行動様式を自然にとれるものと多くの場合に信じて疑わない。誰しもが言葉を話すようになり、常識や良識のある振る舞いができるようになるものと思い込んで暮らしているのである。

しかし、長い時間と歴史の中で蓄積されてきた遺産、すなわち文化の影響がまったくないといっていいような状況では、「ヒトという動物」は、われわれが自明のことのように考えている「人間」にはなれない存在である。すでに第1章で学んだように、文化とはそもそも生活のしかたのことであった。人間が成長発達を遂げるというような日常的に目にしている事実が、実は生まれもっての能力のみでは不可能であり、生得的なものと文化的環境との相互作用の中で初めて可能になるということに目が向けられる必要があるだろう。

人間をまるで人間でないもののように扱う実験が許されないのは言うまでもないことである。しかし、たいへん残酷なことに、結果として実験となってしまった以下のような子どもたちの実例を知るとき、ヒトが人間へと形成されていく過程では、他者との関わりがいかに大きな意味をもつものであるのかが理解される。

●アヴェロンの野生児

18世紀の最後の年、1800年の１月、フランス南部のある村の近くの森の中にたった一人で暮らしている少年が発見された。推定される年齢は11-12歳で、後に「アヴェロンの野生児」として知られるようになった。

ただ、この少年のありさまは、とても人間が暮らしているといえるものではなかった。まるで獣のように見え、言葉を話すことができないかわりに叫び声を発し、場所にかまわず排泄してしまうのである。施設に収容されたものの、着せられた服を嫌がって引き裂き、悪臭を発する汚物にもまったく平気でいる。その一方で、たいていの人間には感じられないはずの臭いを嗅ぎ回ったり、臭いで鳥の死骸の新鮮度を嗅ぎ分けたりしたのである。

その後、この少年はパリで「人間」になるための訓練を受け、排泄のコントロールや自分で服を着たりすることはできるようになった。しかし、人間の最も人間らしいといえる側面、すなわち言葉を話すということではほとんど進歩と呼べるものは見られず、二つ三つの片言の単語を口にするのみであった。言語を操って他者とコミュニケートしたり、社会関係を築いていくことなどはできず、およそ40歳ほどで世を去ったのである。

●孤立児アンナ

アンナは精神遅滞の女性の非嫡出子として生まれた。そのこともあったためか、彼女は６歳ごろまで２階の部屋にほとんど隔離された状態で育てられていた。

発見されたとき、アンナは歩くことができずに横たわったままで、目の前の食べ物すら自分で食べることができないというように、ほとんど動くことができなかった。周囲の動きや音へ無反応でいる様子は、目が見えているのか耳が聞こえているのかどうかさえ疑わせ、言葉を発することはまったくなかったのである。

アンナは施設に入れられたものの、治療が不十分で改善は見られなかった。しかし、細かい世話をしてくれる里親の家庭に送られてからは急速に発達していき、３か月後には歩くことができるようになった。そして、特別の教育課程を用意している学校へ通うこととなり、わずかとはいえ話をし始め、周囲の者との関わりをもつことが徐々にできるようになっていった。彼女は10歳で病死してしまったが、このような進歩はその時まで続いた。

●狼少女

20世紀前半の1920年、インドに起きたことである。狼の群れと一緒に生きている二人のヒトの子どもが発見された。二人とも女の子であったが、どうやら姉妹だろうと思われ、発見された当時、上の子はおよそ8歳、下の子は1歳半くらいと推定された。人間社会に連れ戻され、それぞれカマラとアマラと名づけられたが、アマラは翌年に死んでしまい、カマラは孤児院で牧師に育てられながら10年近く生存した。

連れ戻された当時の二人の行動は、それこそ狼そのものであった。言葉を話すことはできず、昼間は暗がりにじっとしていて夜になると活動しようとする。また、遠吠えのように叫んだり、調理したものを受けつけずに好んで生肉を食べる。結局、さまざまな教育の効果もなく、長く生きたカマラのほうも、人間らしい行動を身につけることがほとんどできなかったのである。

以上のような野生児や孤立児の実例は何を示しているのだろうか。明らかなことは､子どもが人間形成されていくとき、生涯の早い時期に重要な役割を果たしてくれる他者が、ほとんどあるいはまったくといっていいほど不在だったという事実である。

他者との社会的関係を奪われた状態、すなわち「社会的剥奪」の状態に置かれ続けると、「ヒト」は「人間」へと形成されず、社会的な存在として成長していくことが極めて困難となるのである。

2．ヒトという生きもの

犬や猫といった身近な動物を思い浮かべてみよう。生後間もない子犬や子猫を親から引き離して人間が育てたとき、後に成獣となった彼らが犬や猫として行動できなくなるなどということはない。そうはならないことをわれわれは経験的によく知っている。ヒトと比べたとき、これらの動物は生物学的にプログラムされた行動パターンがよく発達し、極端に劣悪な環境に追いやられない限り、同じ種の個体との接触がなされなくても成長していくことができるのである。このような生きものの典型は昆虫だといわれる。昆虫は、たとえば蜂のみごとな巣づくりのように、ほとんど完全に学習によることなく環境へ適応することが可能な生物である。

ところが､乳幼児の日常を観察していれば明らかなように、ヒトが遺伝的に与えられた行動の機構はあまりに不完全で無力なものとしかいえない。生得的行動様式に従っているだけでは、ヒトは単に生命を持続させるということさえ危ぶまれる生きものである。本能という言葉が科学的議論の場で用いられることは稀だが、ヒトは本能の欠如した生きものだということもできるだろう。ヒトという生きものは、遺伝的に決定された行動機構によってではなく、むしろ「生物学的動因」によって突き動かされる動物である。しかも、その動因自体は具体的な行動を導くことができない。たとえば、飢えは不快感や行為の衝動となる身体的緊張状態であるが、この飢えという動因そのものが、何を、いつ、どのように食べるかという、社会的な場での行動を促すことはないのである。

野生児や孤立児が、われわれの日常生活で健常とみなされるように行動することができなかったのは、このようなヒトの生物学的プログラムの弱さによるものといえる。悲惨な実験例となってしまったこの子どもたちも、決して生まれながらにハンディキャップをもっていたわけではない。連れ戻された後の教育に携わった人たちによってそれは明らかにされていた。決定的に欠けていたのは、社会的な存在へと成長発達していくための他者との関わりである。われわれホモ・サピエンスは社会性を大きな特徴の一つとする種だが、その社会性を行動の自然的基礎としてはもっておらず、対他者関係の中でそれを育てていくしかないのである。

こうして、ヒトがいかに未熟な存在として誕生し、他の霊長類と比べても、かなりの長い期間にわたって成熟した大人へ依存することになるのかが理解できる。

ただ、このように厳密な遺伝的プログラムをもたず、依存性がきわめて高いという生物学的無力さは、一方で、ヒトが後天的に大きく変わることのできる可能性としての「可塑性」をもった存在であることを示してもいる。この可塑性への働きかけがうまくなされて初めて、ヒトは社会的存在へ形成されていくことができるといえるだろう。

3．社会的動物

人間は「社会的動物」であるといわれる。これは、人間が互いに孤立した存在ではありえず、社会の中に生み出されながらもまた自ら社会をつくり上げ、そこに適応して生きていく存在であることを示す言葉で、アリストテレス（Aristotelés）が、政治的社会的存在として人間をとらえてポリス的動物と呼んだことに由来している。

人間は、協力すること、争うこと、愛すること、憎むことなど、他者との具体的な関係を逃れては生きてゆけない生きものである。誰もが孤立しては生きられず、社会をつくり、その社会の中で他者との何らかの関わりをもちながら生活しているのである。このように、人間とは終始一貫して社会的な生きもの、社会的な存在であり、社会的動物という言葉は社会科学的な人間観の源流ともいわれている。

成長発達していくために他者との社会的接触を不可欠とする人間が、そのさまざまな資質を開花させ、社会的動物、社会的存在へと形成されていく過程の重要性が知られなければならない。

2　社会化と人間形成

1．社会化

どのような歴史や文化をもつ社会も常に次の世代に取って

代わられ、若い年代の人たちがさまざまな領域の活動を担えるようになっていく。そして、われわれ一人ひとりは、特に社会の存続を目指して生きているわけではないのにもかかわらず、社会は日々あり続けて機能している。このことには、人間の社会化という過程が大きく関わっているのである。

「社会化」(socialization) とは、端的にいえば、ヒトが人間という社会的な存在として成長発達していく過程のことである。

人間は、すでにつくり上げられた文化をもった特定の時代と社会に生み落とされる以外にない。そして、自らが属すこととなった社会に適合するような行動様式を獲得し、その価値観を内面化していくのである。さまざまな欲求を現実生活の中でどのように充足していけばよいのか、たとえば攻撃衝動はどのように発露されたり抑制されたりすべきなのか。このようなことは、ヒトの生物的自然的基礎のみに委ねられていては社会的行動として導かれはしない。これは前節で確認したことである。人間は自らの意思とは関わりなくある社会に生まれ、その社会の文化を自己のパーソナリティへ取り込むことによって社会的存在へと形成されていく。その意味で、文化や、それを創り出す無数の人間の相互作用の場である社会は、「第二の自然」だといわれる。自然を唯一の環境として生きるわけではない人間は、この第二の自然の中で社会化され、社会的存在として成長発達を遂げるのである。

ところで、社会化とは生まれて間もないころや幼少期だけに要求されるものだろうか。社会化の過程とは、決して年少の時期に限られたものではなく、誰にとっても生涯にかけて続く継続的なプロセスである。そして、この「継続的社会化」を第一次社会化と第二次社会化との二つに大きく分けてとらえることができる。

●第一次社会化

個人は、生後すぐに、母親やその代わりとなってくれるような人間との身体的接触によって社会化の過程に入っていく。これ以降、学齢期に入ってしばらくのころまでの社会化過程を「第一次社会化」という。この過程は一次的社会化ともいうが、人間個々人の精神機能が独自に統合されたものとしての「パーソナリティ」、すなわち、その人の固有性の発達を促していくのである。いわゆるトイレット・トレーニングや食事作法のしつけに始まり、言葉・身振りとコミュニケーション能力の習得、善悪の判断基準の内面化、さまざまな他者との社会関係についての理解など、それこそ人間性の核となる部分を築いていくのが第一次社会化の過程である。

この幼少期の社会化のプロセスで、まず子どもは、身近な特定の人間――「重要な他者」(significant others)――、たとえば母親や幼稚園の先生といった人たちの行動をごっこ遊びでまねるように演じ、ある社会的な役割に自分を置くことで「役割取得」(role-taking)を行なっている。しかし、このような自我の発生の第一段階を過ぎると、重要な他者という限定された人たちを越えた、ルールを伴なったより総合的な社会一般――「一般化された他者」(generalized others)――を認知するようになり、自分が大きな社会のメンバーの一人であることを知るのである。この段階での役割取得は、自我発生の第二段階である。

こうして、幼少期の子どもは、特定の重要な他者との具体的な関わりによってさまざまな役割を取得し、さらに、より大きな集団・社会の規範の存在を知ることによって自我を形成し、社会の一員となっていくのである。

●第二次社会化

もちろん、社会化は幼少期に限られた過程というわけではない。第一次社会化の過程を経た子どもは、次の段階への橋渡しの場としての初等教育の中で、第二次社会化へと入っていく。「第二次社会化」とは、社会のさまざまな領域へ参加できるようになるための社会化のことで、一人前の大人としての役割を取得し、訓練を受けていく過程のことであり、二次的社会化ともいわれる。

この新たな過程としての第二次社会化では、すでに築かれてきた個人の人間性の中に、さまざまな領域で要求されるより具体的な内容が取り込まれていく。たとえば、大学生活を送る学生たちは、そのほとんどが近い将来に職業に就いて社会人となるはずである。良好な職業活動を営んでいくには、そのための知識や技能の習得と、行動様式や価値・規範の内面化がなされていなければならない。これが進められていく過程を「職業的社会化」(occupational socialization) という。そして、この過程は、就業に備えている在学中の職業への社会化と就業後の職業による社会化との二つに区別することができる。また、参政権を得て以降、とりわけ社会人となってからは、市民として政治的な行動様式や規範を内面化し、政治的判断の主体として成長することが必要となるだろう。これが達成されていくプロセスを「政治的社会化」(political socialization) という。

この二つに代表されるような第二次社会化は、ある年齢に達すれば終りを迎えるというものではなく、特に現代の複雑で流動的な社会では中高年の人間にとって切実な課題となることも考えられる。そもそも社会化とは生涯に及ぶ過程であったことを改めて確認しておこう。また、第一次社会化との関わりでは、第二次社会化は必ずしも連続的に展開されるばかりではなく、ときとして非連続的な矛盾を伴なう過程であることも知られるべきである。

2．ソーシャライザーとソーシャライジー

生物学的プログラムの弱い動物であるヒトとはいっても、当然ながらまったくの白紙状態にある生きものというわけではない。無力ではあっても、誕生後間もない新生児ですら母親への働きかけをしているのである。ただ、この章の初めに示した野生児や孤立児の事例のように、人生の最も早い時期に長く社会的剥奪の状態にあった子どもが、いかに人間として困難な状況に陥ってしまうのかを知ると、社会化の過程における他者の果たす役割の大きさが理解されるだろう。この子どもたちも、里親や指導者を得てからは一定の成長を見せていたのである。

社会化の過程を経て社会に適切に参加できるようになるというとき、この「なる」ことは、その個人のみの力で達成されるのではなく、まして子どもの場合にはそれは容易なことではない。社会化のプロセスでは、個人の発達状況に適切に対応した「ソーシャライザー」(socializer) の存在が不可欠である。ソーシャライザーは、「社会化のエージェント」あるいは「社会化の担い手」などとも呼ばれるが、いわば社会化過程にある個人の手助けをするような補助者であり、影響を与える人びとのことである。このような他者や集団の存在がなければ、われわれが社会化のプロセスを通過していくことは不可能なのである。

自我発生以前の乳児期には、多くの場合、自らが生み込まれた血縁集団である「定位家族」(family of orientation) において、両親や兄弟姉妹がソーシャライザーとなる。少し成長した幼児期には、近隣社会の友だちや重要な他者としての身近な大人がそれに加わる。そして、児童期になれば学校教師と生徒たちが登場し、定位家族や近隣の友人と同等の重みをもってくるのである。近隣の友人や学校の生徒たちは、社会化過程の個人にとって類似的・親和的で対等な立場にあるために「同輩集団」(peer group) といわれるが、青年期にはこの同輩集団のもつ意味が大きくなり、定位家族はその比重が低下していくことになる。職業生活を送る成人期では、企業などの機能的目標追求のための組織における他者がソーシャライザーとなって現われてくるのである。

こうして、人は自らのライフコースにおいて多様なソーシャライザーと関わることになるが、そのとき、われわれ個々人が単なる受け身の存在ではないことに注意しなければならない。社会化の過程で主体となって成長発達する個人を「ソーシャライジー」(socializee) というが、ソーシャライザーとソーシャライジーとは互換的な立場にある。親が幼い我が子にしつけをしようとするとき、それは、粘土や石膏に手を加えて造形物をつくり上げるのとはまったく異なった営みなのである。非力な乳幼児ですら、空腹や渇きを不快感として親に向けて表出するが、これは親に影響して行動変化を規定しているということでもあり、社会化が双方向的な過程であることを示している。親は育児を担っていく中で、自らが多くのことを学んで成長するという第二次社会化のプロセスを生きる。この、社会化の相互性のもつ重要性が理解されるべきだろう。

3．再社会化

ヒトの行動様式が動物としての自然的基礎によって決定されてはいないのと同じように、あるいはそのことによって、われわれが生涯に辿っていく道筋も遺伝的プログラムに導かれていくというわけではない。個体の生物学的成長発達と関わりはするが、人間のライフコースはきわめて社会的なものである。

「ライフコース」(life-course) とは、年齢階層によって異なっている役割を担ったり、さまざまな出来事に出合いながら、個々人が辿っていく生涯の道筋のことである。そもそも、年齢というものは、個人が誕生してから経過してきた物理的時間の単なる蓄積の量などというものではない。個人が担う役割や出合う出来事の多くは、年齢階層に対応して歴史的社会的につくり上げられてきたものであり、そのために、同じ年齢の人間であってもその存在には時代と社会によって違いがみられるのである。10代の早いうちからほとんどの者が働くことを当然としていた時代と、20歳前後の年代の若者で就労している者のほうが少数派となった現代とでは、同じ20歳といっても、その社会的意味や期待される役割には大きな違いがあるはずである。その意味で、生物学的な「ライフサイクル」(life-cycle) と深く関わりながらも、われわれは、特定の時代的社会的文脈との相互依存関係の中で自らの生活を築いていくのであり、この人生の軌跡がライフコースなのだといえるだろう。

もちろん、現代社会には、かつての伝統的村落社会のような明確な「年齢集団」(age-group) が存在せず、「年齢階梯制」(age grade system) によって社会的役割を果たしていくという軌道の揺らぎが広く見られる。しかし、18歳の結婚は早いといわれ、親からの経済的自立が30歳では遅いと思われるように、現代のライフコースには、この時代なりの「標準的文化的時刻表」が存在しているのである。

こうしてわれわれは、ある時代的社会的文脈の中でソーシャライザーとの相互作用による社会化の過程を歩み、時として再社会化に直面することにもなるのである。

今日、特に先進社会では、多くの人たちが70歳台から80歳台ぐらいまで存命している。幼少期・児童期から青年期を経て大人となり、ほとんどの人が老齢期を生きるのである。このとき、われわれ個々人は、そのライフコースの各段階で新しい役割を取得して自己のあり方を変えていくが、この継続的社会化の過程は、人間性の全面的変更を迫るような激しいものではない。なるほど、学生生活を終えて職場組織に加入することが、その人の人生での大きな転換期となるのは事実だろう。しかも、組織加入後に、現実と本人の期待との不一致というリアリティ・ショックを経験するかもしれない。しかし、「所属集団」(membership group) とそこで出会うことになったソーシャライザーとに違和感を覚えたりするのは、程度の差こそあれ誰もが体験するような一般的なことである。「組織社会化」(organizational socialization) の過程で、自らの所属集団に全面的に「同一化」(identification) することのほうがむしろ稀なのである。

これに対して、すでに十分に自我形成を遂げてきた成人が、状況によっては、それまでに内面化した価値観や獲得した行動様式を大幅に組み替えざるをえない経験をすることがある。この過程を「再社会化」(re-socialization) というが、このときに要求される役割は以前の生活様式とまったく異なっているために、その社会化主体は、まず「社会化の解除」(de-socialization) によって今までの価値観や行動様式を放棄しなければならないのである。軍隊における訓練、洗脳、宗教的修業、刑務所での更生など、これらはほとんどの場合に近隣・地域社会から隔絶され孤立した環境で行なわれ、社会化主体は、それまでの自らの過去との断絶を強いられることとなる。そして、これらの「全制的施設」(total institution) の徹底した管理体制は、ときとして意図的ないし、非意図的に新参者の人間性に攻撃を加えて侵犯し、無力化していくのである。この状況に置かれた者は、やがて今までの重要な他者に対する信頼感を失い、自分自身の存在の意味すら不確実に感じられるようになりかねない。これは、自己の剥奪であり、「パーソナリティの分裂」(personality disintegration) であって、自分はもはや自分ではないという人格感の喪失に陥った状態である。

このような再社会化の過程は、確かに「限界状況」(extreme situation) におけるもので、従来の価値観や行動様式ではまったく適応することのできない極限的な事態である。しかし、今日の流動的な社会に生きるわれわれにとって、再社会化は必ずしも一部の人たちだけが特殊なこととして体験するプロセスとはいえない。「成人社会化」(adult socialization) の過程で最も大きな比重を占めるのは職業的社会化であるが、1990年代以降の市場万能主義的な経済環境の下では、仕事や職場組織そのものが不安定で長期的展望のもてないものとなっている。このような状況では、特に成人男子は旧来のライフコースを歩むことが困難で、自己の一貫性を保ちにくくなるのである。場合によっては、過去に築いてきた思考と行動の様式をほとんど編成し直すような、再社会化といってもいいような場面に投げ入れられることもあるだろう。

4．状況的な自己

われわれは、自らの身体が生物学的に成長発達し、成熟の後にやがては衰えていくことに持続的な一貫性を感じとっている。同じように、パーソナリティの中核であり、それ自体は手に取ったり目で見たりすることのできない「自己」（あるいは自我）もまた、統一的で一貫した流れの中にあるものと思っている。継続的な社会化の過程は、人間形成においてわれわれに連続した意識をもたらし、ときには、個人に、今後関わることとなる集団の価値や行動様式を前もって内面化する「予期的社会化」（anticipatory socialization）へと向わせるのである。

しかし、一方で自己は状況的なものでもある。

そもそも、継続的社会化を経ながらライフコースを歩むということは、ある時点から振り返ったとき、過去のソーシャライザーが無意味な存在になるということではない。たとえば、すでに職業的社会化の中にいる成人にとっても、幼少期や児童期に重要な他者であった親や兄弟姉妹が無関係な人たちになるわけではない。また、児童期から青年期にかけて重みを増してくる同輩集団の中には、少数ではあっても生涯の友人となる者も現われる。つまり、ある個人にとって、自分が職場組織という「機能集団」（functional group）で多くの時間と活動量を費やしていても、過去のソーシャライザーであったさまざまな「基礎集団」（fundamental group）や他の機能集団の価値が累積的に内面化されているのである。また、自らが生み育てる家族としての「生殖家族」（family of procreation）という基礎集団を形成しているかもしれない。まして、高度に「機能分化」（functional differentiation）した現代社会では、成人は複数の機能集団のメンバーであることも珍しくはない。

こうして、われわれにとっては、種々の集団に同時に所属するという「重複所属」(overlapping membership)の状態が日常的なこととなっているが、これは、個々人の果たすべき役割が多重性をもつものであることを意味している。過去の社会化過程における累積的な価値の内面化の基盤となった集団に関与し続け、さらに新たな複数の集団に所属していくという状態は、個々人が重層的に入り組んだ役割を担う存在だということなのである。

ところで、個人はその多様な役割のすべてに応えることができるのだろうか。重複所属するそれぞれの集団の価値・規範の間に、相異や矛盾・対立が存在する場合、個々の集団から寄せられる「役割期待」(role expectations)に完全に対応することは不可能である。成人であっても職場が所属集団のすべてでないことはもちろんだが、たとえば、会社人間などといわれるほどに企業組織への「集団帰属意識」(group identification)が強い男性にとっては、家庭における夫や父としての役割、輪番で担当することとなった町内会役員や同窓会幹事という役割、会社における管理職という役割などの間の価値·規範の隔たりは、内面的な相克としての「役割葛藤」(role conflict)を引き起こし、それらの遂行の際には、困難やストレスを感じる「役割緊張」(role strain)に陥る原因でもある。

このように、人は多かれ少なかれ役割遂行にまつわる葛藤と緊張を自らの内面に抱えるが、自己の価値観に反したり欲求に沿わないような役割内容については、一切無視するという行動に出るのではない限り、防衛的な対応にとどめようとするだろう。つまり、与えられただけの役割として受容し、ただ単に内容に従った「役割演技」(role-playing) で臨むのである。われわれは、日常生活の中で自らに向けられた複数の役割期待に直面したとき、そのすべてを同等の重みで受け容れるのではなく、それらの軽重を自らの価値規準に則して判断しながら序列化し、それぞれの集団に矛盾しない「顔」を見せて適応しているわけである。

自己は、矛盾のない単純な一貫性の下で完全に統一されているというようなものではなく、多面的で、常に状況的な性格を帯びるものといえるだろう。

5. 社会化と個性化

他者との相互作用によって自我形成を遂げ、社会的存在へ成長発達するという社会化の過程は、また一方で、その社会化主体にとっての個性化の過程でもある。

前項で確認したように、そもそも自己とは多面的・状況的で、役割の遂行の場面では葛藤と緊張とにさらされることの多いものであった。これは、いいかえれば、社会化そのものが常に葛藤や緊張という矛盾をもっており、決して予定調和的な過程ではないということである。従って、自らが関わっている集団個々の役割期待や全体社会の価値・規範に、何らの葛藤や緊張を伴なうこともなく無批判的に同調することは、あたかも生理学的な順応と同じような状態であり、個性の抑圧でしかない。仮に、そのような極端な同調行動が起きるとすれば、それは「過剰社会化」(oversocialization) と呼ばれる事態である。歯車のように、部品のように、鋳型にはまり込むようになどといった比喩で語られる人間像が思い起こされる。社会学的な人間観の、少なくともその一部に、この「過剰に社会化された人間像」(oversocialized conception of man)

を想定してしまう傾向があるのは事実であるが、やはりこれは誤った見解というべきだろう。

確かに社会化は、社会が維持され存続していくための「機能的要件」(functional requisites) である。しかし、社会化主体にとっては、社会化の過程とは、自らの人間的資質を開花させ、独自性をもった自己、他ではない自己として、その個人に特有の型を生み出していく営みである。このプロセスを「個性化」(individuation) というのである。独自性をもった自己、他ではない自己とは、「自分はまぎれもなく自分である」という「自己同一性」(identity) の感覚であるが、個性化とは、この自我同一性を形成し、自律的な自己を築いていく過程のことなのである。

3 社会化の失敗

社会化は予定調和的なものではなく、葛藤と緊張が常態ですらあるようなプロセスであった。そして、この過程はまた個性化と不可分でもあった。しかし、社会化の過剰が人間個性の抑圧をもたらすように、個性化の過剰は社会規範との間に軋轢を生み、社会の均衡と安定に動揺が生じることにもつながるのである。

人びとの現実の相互作用の動的過程を見れば、社会化が常に成功するという過程ではないことがわかる。これは、社会問題や社会病理と密接に関連することであり、第7章で詳細に展開される。

ここでは社会化の失敗について簡単に触れておこう。

●ソーシャライザーの競合

伝統的な社会では、社会成員の個人的特性や役割、社会関係や制度などの機能と構造の分化の度合いが低く、個人であれ集団であれ、社会化過程におけるそれぞれのソーシャライザーの間の同質性が高い。このような社会では、文化の伝達が効率的になされ、個々人の「文化化」(enculturation) がきわめて均質的に進められていく。

しかし、現代社会のように、大規模で「社会分化」(social differentiation) の進んだ異質性の高い社会では、さまざまなソーシャライザーの価値・規範が明らかに相異し、反発・対立し合うものであることも多い。こうして、社会化の主体に対してソーシャライザーが競合することになるのである。個人は効果的に社会化されないことになりかねず、健全な個性化を遂げることも難しくなる。まして、長期的な時間展望をもち、優れた「準拠的個人」(reference individual) や「準拠集団」(reference group) を見出すことは望めない。極端な場合には、反社会的なパーソナリティをもつ者を多く生み出し、反社会的行動が増加するという「社会解体」(social disorganization) にも至るのである。

【引用・参考文献】

- バーガー，P.L. & バーガー，B.『バーガー社会学』安江孝司・鎌田彰仁・樋口祐子訳, 学習研究社, 1979（原著, 1975）.
- ブルーム, L.・セルズニック, P.・ブルーム, D.D.『社会学』今田高俊監訳, ハーベスト社, 1987（原著, 1981）.
- グード, W.J.『社会学の基本的な考え方』松尾精文訳, 而立書房, 1982（原著, 1977）.
- ギデンズ, A.『社会学　改訂第3版』松尾精文・西岡八郎・藤井達也・小幡正敏・叶堂隆三・立松隆介・松川昭子・内田健訳, 而立書房, 1998（原著, 1997）.
- 奥井智之『社会学』東京大学出版会, 2004.
- 杉座秀親『現代の生活と社会学　消費する身体と時間』学文社, 2000.
- 中西茂行『生活と成熟の社会学』学文社, 1998.
- 池田勝徳・中西茂行・松山博光・宮本和彦・山本一彦『社会学への道標』福村出版, 2001.
- 森岡清美・塩原勉・本間康平編集代表『新社会学辞典』有斐閣, 1993.
- ゴッフマン, E.『アサイラム―施設収容者の日常世界』石黒毅訳, 誠信書房, 1984（原著, 1961）.
- ミード, G.H.『精神・自我・社会』稲葉三千男・滝沢正樹・中野収訳, 青木書店, 1973（原著, 1934）.
- 加藤秀俊・梶田叡一・原岡一馬・大橋幸・田崎篤郎・島田一男『個人・集団・社会』小学館, 1982.
- 高木修監修・田尾雅夫編『組織行動の社会心理学』北大路書房, 2001.
- 岡堂哲雄編『社会心理用語事典』至文堂, 1982.
- ゲゼル, A.『狼にそだてられた子』生月雅子訳, 家政教育社, 1976（原著, 1941）.

第 3 章

変わりゆく家族

久門道利

1

まず、激動の現代社会で生きぬくために、
人間にとって古くから存在し、最も身近で、親密な生活基礎集団である
家族を改めて“何か”、と問うことにより、
現代社会の家族のあり方を考える。
同時に家族と家庭、世帯の違いについても学ぶ。

2

家族は法律、慣習、そして人々により認められる制度の一つである。
家族制度は社会や時代により変化するが、
その変わりゆく制度の理解と、家族の形態、内部構造の変化、
ライフサイクル、家族周期、ライフコースの考え方を学び、
これから生活の指針作りに役立てる。

3

これからの家族を考える場合、何が課題であるのか、
特に、家族問題の視点から研究方法の課題を整理した。
そこでは、家族危機の問題、ジェンダー、
家族の集団性と個人化の軋轢による課題、
個人のライフヒストリー、ネットワークなどを取り挙げる。

1　家族と家庭

1．家族とは何か

世界中には、さまざまな家族があり、社会の変動とともにそれらの家族がいろいろな意味で大きく変わりつつある。しかし、多くの人々が自分の家族を経験しているだけでなく、周囲の家族についても見聞きしているだけに、“家族とは何か”について、自明のこととして、改めて深く考えようとはしない。しかし、家庭内暴力・子ども虐待・離婚率の増加など、家族を取り巻く諸問題が多発する今日的状況を考えると、改めて今日“家族とは何か”を考え、さらに家族生活のあり方について見直しを図らなければならない。とはいえ、その問いに答えるのは、そう簡単なことではない。

昔から家族は人々が生活をするうえで、最も身近で、親密な関係をもつ基礎集団である。人は家族のなかに生まれ、社会の一員として生きていくための基礎を家族員からいろいろなことを「家庭」で学びながら成長する。アメリカの文化人類学者マードック（George Peter Murdock）は家族を①定位家族、生まれた家族、原家族などと訳されるFamily of orientationと、②生殖家族、生む家族などと訳されるFamily of procreationの二つに類型化したが、この類型化の基準がそれに該当する。

今日、わが国では一般に、夫婦を中心とした近親者からなる生活共同集団を「家族」とよんでいる。なお家族は近親者からなるが、近親者は親族（わが国の現行民法では、親族の範囲を、①配偶者、②６親等以内の血族、③３親等以内の姻族、と規定。ただし、養子は血族とみなす）のなかで近い者を指す。しかし、わが国で、このような集団を家族という言葉で表すようになったのは、そんなに古いことではなく、比較的新しい。

急激に社会が変動するなかで、家族も激動を遂げていく。そうした状況下で、わが国の家族社会学の領域で、これまで比較的広く用いられてきた家族の定義は、森岡清美の「夫婦・親子・きょうだいなど少数の近親者を主要な成員とし、成員相互の深い感情的な係わり合いで結ばれた、第一次的な幸福追求の集団」（森岡：1997）である。この定義の特徴は、家族の構成員と家族の機能に着目したことにある。しかし、幸福追求の集団は家族だけではない、といった批判が寄せられている。

2．家庭とは何か

家庭という言葉は、英語のhomeの訳語である。家庭という用語が使用される以前においては、長く「所帯」という語が使用されていた。近代社会になり、都市家族が増大し、家庭という言葉がモダンな響きを感じさせるところから、多くの都市家族の人々に支持され、広く一般的に使用されるようになった。『広辞苑』（第四版）によると、家庭には「夫婦・親子などが一緒に生活する小さな集まり、また、家族が生活する所」とされている。前者は家族、そして後者は家族員の文字どおり生活の場所を意味する。生活の場所には、二つの概念があり、一つは、大きな家に広い庭、小さい家に狭い庭、といった空間的・物理的概念である。他方は、家庭に憩いや安らぎを、といった精神的概念である。“狭くても楽しい我が家”といった言葉は、家庭の情緒的側面を実によく言い表している。

社会学者の関清秀は、家庭を定義して「家庭とは“愛”を結合の原理とする、近親者の生活共同集団である」（関：1986, 1987）としている。この定義は前述した広辞苑の家庭の説明項目の前者に相当する。その根拠について関は、1898年制定の旧民法（明治民法）が改正され、戦後の急激な近代化の影響から、日本の伝統的な「家」生活が民主化されることによって形態・内容ともに変化しつつある現在、日本人の家庭生活を理解する述語は“家庭”という表現が最もふさわしいという。そこでこれまでのfamily as a groupの概念を今後“家庭”と置き換えるとしている（関：1992）。

他方、社会心理学の井上忠司は『「家庭」という風景―社会心理史ノート』（1988）で、かつての家族集団は、さまざまな機能をあわせもつ、いわば“小さな宇宙（コスモス）”であったが、それがいまや、家庭と職場が分離して、生産の場ではなくなり、もっぱら消費の場と化してしまった。さらに家族の社会に占める比重が、日ましに軽くなると同時に、メンバーひとりひとりの心に占める比重も、次第に軽くなっている、と指摘した。また、一般に家族ないし家庭は、「制度」と「間柄」と「装置」の三つからなっているが、これまでの家族論は、もっぱら「制度」と「間柄」（家族関係を構成している人間関係的側面）に重点がおかれ、「装置」（家庭生活を可能ならしめている物質的な側面）がかえりみられず、家族の社会学や心理学のほとんどが、観念的な家族論に終始してきたのは事実で、これからは「家族論」よりも「家庭論」に重きをおくべきだ、と主張した。

さらに、井上は家庭論に重きを置くべき根拠として、国勢調査結果の「単独世帯」の顕著な増加を挙げている。確かに、家族は改めて述べるまでもなく集団である。集団は、複数の構成員からなるため「単独世帯」は家族ではないことは明白で、その暮らしは「家庭」ではなく、「家庭的」ではある。家庭的な装置やサービスを得ることによって、情緒的な安定を得られる場合が多い。

3．家族と世帯の違いとその実態

家族は一緒にいることが多いが，必ずしも同居を前提とはしていない。家族には同居している家族員もおれば、他出している家族員がいる場合もある。また、人によって家族員と意識する範囲が異なっていることもある。たとえば、結婚して他出していても長男だから家族員であると思っていたり，同居していても実の親子関係にないから家族員でないとか、実際に家族を把握する場合、非常に難しい。

そこで、社会調査や行政を行う場合、家族以外の用語を準備する必要が生じた。家族に代って使用された用語が世帯（household）である。世帯という用語を国勢調査を始めとして各種の調査、そして生活保護や住民登録などの行政で使用している。

国勢調査は悉皆調査であり、いわば全国民を対象として、1920（大正９）年から５年に一度、現在まで実施されている。

図１　家族と世帯との関連

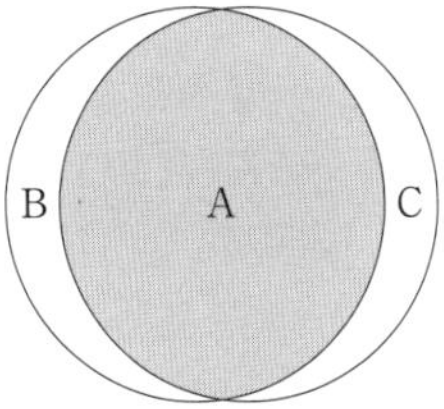

家族＝A＋B
世帯＝A＋C
A：同居親族
B：他出家族員
C：同居非親族

（森岡清美他『新しい家族社会学』培風館、1983年）

1920年から1980（昭和55）年まで世帯は、①普通世帯（住居と生計を共にする者の集まり、又は一戸を構えて住んでいる単身者のこと）と②準世帯（間借り・下宿・会社などの独身寮の単身者、又は学生寮・社会施設・矯正施設の居住者のこと）に区分された。しかし、単身世帯の差別化が問題になり、1985（昭和60）年以降は，①一般世帯（普通世帯に間借り・下宿・独身寮の単身者を加えたもののこと）と②施設等の世帯（学生寮・社会施設・矯正施設などの居住者のこと）に分けて実施されている。そして普通世帯、一般世帯をもって家族と見なし、その動向の把握に努めている。

2　変わりゆく家族制度

1．多様な家族制度

家族のあり方は、社会や時代によっても様々で、その社会・時代に支配的な家族構造や機能が慣習・道徳・法律などにより、社会的に承認・支持されている諸規範の体系を家族制度という。ゆえに、いついかなる社会・時代にも家族制度は存在する。

家族制度には①財産相続制度（一子相続制度・均分相続制度)、②地位・財産の相続制度（父系・母系制)、③婚姻形態・婚姻制度（複婚と単婚、外婚と内婚)、④配偶者の数による制度（一夫一婦制、一夫多妻制、一妻多夫制)、⑤財産の継承制度（父系制、母系制、双系制)、⑥その他、枚挙にいとまがないほど多くの制度が挙げられる。

なお、親と既婚の子どもとの居住形態（living arrangement）に関する規制に焦点を当てて、家族形成規範に着目すれば、つぎのように大別できる。

①夫婦家族制（conjugal family system）

結婚によって形成され、夫婦の一方の死亡とともに消滅する一代限りの家族。子どもは結婚を契機に新しい家族を形成する。

②直系家族制（stem family system）

親子中心の家族形態であり、子どものうち一人が結婚後も親と同居する家族で、親の財産祭祀などを同居した子どもが独占的または優先的に継承する。しかし、同時に家族員の扶養義務を負う。

③複合家族制（joint family system）

複数の子どもが結婚後も親と同居する家族。そのため大家族である。世代間、キョウダイ間の生活は容易になるが、家族員間の葛藤は激化しやすい。この制度では、親の遺産は共同相続され、家族分裂の場合は子ども間で均分相続となる。

2．戦前の「家」制度

わが国の家族制度をみると、家父長制の典型例として、1898（明治31）年に明治民法に規定された「家」制度がある。「家」制度は、江戸時代の武士階級の家族に範をとったもので、明治政府は内外の情勢を考慮して、安定した国家基盤を築くための法規範として制定したものである。

この「家」制度は、戸主権と家督相続の二本柱からなり、単なる家の存続だけでなく、新しい地方行政組織の末端機構として、現実の居住関係に着目して、戸を把握するための戸籍制度の確立によって成立した。

戸主権は家族員の結婚・養子縁組など、身分行為に関わる一切の許可権・居所指定とそれらに反する者への制裁権であった。

他方、家督相続は原則として、長男が戸主の地位・財産を一括相続、ないし優先的に相続し、その代わりに家の構成員の扶養義務を負うものであった。「家」制度においては戸主の権威は家の構成員に対して絶対的なものであって、その関係は支配と服従、保護と依存の関係にあった。戸主と戸主以外の者との関係がキョウダイ関係にも影響し、家の跡取りと他のキョウダイとの間の権威関係に大きな差異が生じた。今後の家の繁栄と自分たちの老後など、親の跡取りに対する期待と特別な感情が日常生活における処遇の違いを生じさせた。他方、跡取りにも跡取り意識が生じ、それは成長と共に累積されていった。このように、跡取りと他のキョウダイとの間に異なった関係や行動が顕著に現れるのは、いみじくもイギリスの人道的社会主義者オーエン（Robert Owen）が、「人間の性格は彼自身によって作られるのではなく、彼のために作られる」と説いたように、跡取りの性格も彼を取り巻く環境によって、跡取りのために形成された、といえる。

「家」制度が実施された社会では、土地に拘束された第一次産業が中心で、土地を離れての生活はほとんど成り立たないために、二・三男は分家や他家との養子縁組などをして家を出ることになった。分家した場合、新しく創設された家を存続させるために本家・分家関係が生まれ、家連合体が形成される。本家・分家関係においては、支配・従属、いいかえれば庇護・奉仕の関係ができる。この関係は家の滅亡や他地域への移動がない限り、超世代的に続き、家と家との縦の連鎖ができる、その関係は、生活の全側面にまで及んだ。

こうした制度の下では、当然のことながら三世代家族が多い、と一般に思われるが、しかし、1920（大正9）年に実施された国勢調査結果をみると、直系家族世帯は全世帯の約31％、核家族世帯は54.0％であった。ちなみに、戦後の新しい家族制度になり、20年を経過した1965（昭和40）年では、直系家族世帯24.3％、核家族世帯64.0％になっている。このような結果から、古い「家」制度時代でも思ったほど三世代家族は多くない。それは国勢調査が調査時点での家族構成であり、この調査にライフサイクルの視点が欠けているためである。

3．戦後の家族制度

わが国は、第二次世界大戦での敗戦により、翌年の1946（昭和21）年に個人の尊厳と平等を謳った新しい憲法が公布され、その理念に基づき、現行民法では「家」制度が廃止された。しかし長い間、人々の生活に根づいた「家」意識と、それに支配されてきた家族関係や行動は、たとえ法律が改正されても直ちに変わるものではない。しかし、法の改正により、直系家族制から夫婦家族制へと家族理念の大きな転換が行われたことは、画期的なものであったが、家意識や規範は比較的根強く残り、今日においても日常生活の結婚式や墓など様々な側面で作用している。

「家」制度の廃止は、当然のことながら親族関係にも大きな影響を与えることとなった。家族形成規範の変化により夫婦家族制に移行したことで、同族集団も徐々に解体化していったが、全てが無くなったわけではない。近縁の者は親族として残り、また、親族関係も家を中心とした関係ではなく、夫婦を中心とした関係へと移り、その範囲も徐々に狭くなっていった。また、その結びつきも、産業化にともない生活水準が向上することで、家族の自立性が高まると同時に、家族員個々の職場・友人などの公私にわたる関係の比重が、それまでと比べ格段に高まった。さらに、社会保障も充実することによって、親族関係の結びつきは、生活面全体にわたるものから、情緒的、儀式的・行事的なものに徐々に移っていった。

3 家族変動と家族生活

1．家族形態の変化

家族は社会の変化に伴い次第に変化していく。家族の変化が社会や時代の変化を招くのではない。社会の変化がダイナミックであれば、当然家族の変化も大きくなる。家族の変化が大きい状況を家族変動という。社会の変動には人々は比較的敏感であるが、家族の変化にはあまり気づかない。それは家族があまりにも身近な集団であることに起因しており、家族を総体として日常、あまり捉えないからである。

日常、人々が考える、考えないに関わらず、社会が変われば家族も変わる。問題は“どのように変わるか”である。家族の変動は家族機能に変化が生じた場合に、形態が変わると考えるのが一般的な考え方であろうが、ここでは家族形態の変化からみてみよう。

家族形態の変化は二つの側面から考察することができる。第一は、家族規模の側面であり、第二は、家族構成（間柄・続柄）の側面である。第一の家族規模は、**表1**に示したように、産

表1 世帯数と平均世帯人員の推移

年次	世帯数（千世帯）	平均世帯人員
大正9年	11,122	4.89
昭和5年	12,600	4.98
15年	14,214	4.99
25年	16,425	4.97
35年	19,871	4.54
45年	27,071	3.7
55年	35,824	3.22
平成2年	40,670	2.99
12年	46,782	2.67

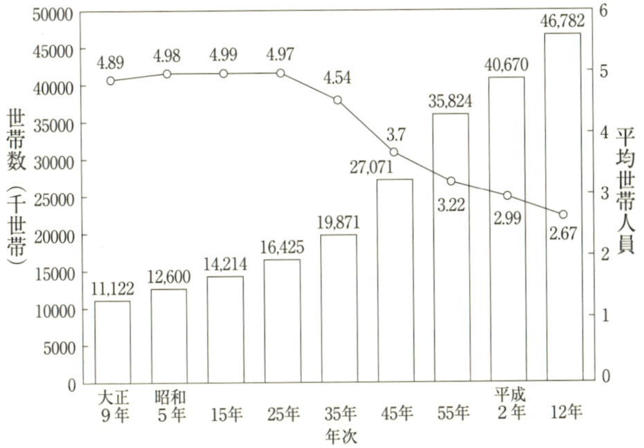

資料：総務省統計局「国勢調査」各調査年次版。

業化の発展とともに、大家族からだんだんと小家族化し、世帯数の増加が見られる。具体的に、国勢調査結果の平均世帯人員の推移をみると、1920（大正9）年から1955（昭和30）年頃まで大体5人前後であったが、それ以降、家族規模は若干の上下はあるが、大体において減少している。その理由は、1955（昭和30）年頃までは、まだまだ第一次産業（農・漁・林業）が中心であり、産業別就業人口構成比の推移を「国勢調査」からみても、第一次産業は1920年53.8％、1955年では41.0％が従事していた。しかし、1985（昭和60）年では1割をきり（9.3％）、2000（平成12）年では5.0％にまで減少した。1955年頃までは、産業化もまだ不十分で、機械化もあまり進まず、家族は消費の単位であると同時に、生産の単位でもあった。ゆえに大家族である必要性があったが、産業化が進み、第二次・第三次産業従事者が増加し、雇用労働者化することによって、職を求めて移動したり、賃金収入によって生活していく

表2　世帯構造別にみた世帯数の推移

	総数	単独世帯	核家族世帯			三世代世帯	その他の世帯
			総数	夫婦のみの世帯	夫婦（ひとり親）と未婚の子のみの世帯		
		推計数（千世帯）					
昭61年（'86）	37 544	6 826	22 834	5 401	17 433	5 757	2 127
平元（'89）	39 417	7 866	23 785	6 322	17 463	5 599	2 166
4（'92）	41 210	8 974	24 317	7 071	17 245	5 390	2 529
7（'95）	40 770	9 213	23 997	7 488	16 510	5 082	2 478
10（'98）	44 496	10 627	26 096	8 781	17 315	5 125	2 648
13（'01）	45 664	11 017	26 894	9 403	17 490	4 844	2 909
15（'03）	45 800	10 673	27 352	9 781	17 570	4 769	3 006
		構成割合（%）					
昭61年（'86）	100.0	18.2	60.8	14.4	46.4	15.3	5.7
平元（'89）	100.0	20.0	60.3	16.0	44.3	14.2	5.5
4（'92）	100.0	21.8	59.0	17.2	41.8	13.1	6.1
7（'95）	100.0	22.6	58.9	18.4	40.5	12.5	6.1
10（'98）	100.0	23.9	58.6	19.7	38.9	11.5	6.0
13（'01）	100.0	24.1	58.9	20.6	38.3	10.6	6.4
15（'03）	100.0	23.3	59.7	21.4	38.4	10.4	6.6

資料　厚生労働省「国民生活基礎調査」
注　　平成7年には兵庫県は含まれていない。

には小家族の方が適しており、それによって世帯数も当然増加した。さらに、高度産業社会になると、家族変革のキー・ワード（晩婚化・少子化・女性の社会参加・高齢化・家族の個人化等）といわれる指標もとりあげられ、小家族化のスピードに拍車がかかった。

第二の家族構成（間柄・続柄）の変化は、家族がどのような間柄・続柄で構成されているかに着目したものである。**表2**にあるように、注目すべきはもはや家族とは言えない“単独世帯”数（比率）の増加である。ちなみに表2にはないが、1920（大正9）年では、総世帯の6.6%、1955（昭和30）年3.4%、1965（昭和40）年7.9%であったものが2003（平成15）年では23.3%と約4世帯に1世帯の割合を占めるようになった。また、“核家族世帯”については、1920年54.0%、1955年60.6%、1965年62.6%であった。問題は核家族世帯の内容であり、少

表3　世帯構造別にみた65歳以上の者のいる世帯数の推移

	全世帯数	65歳以上の者のいる世帯								
		総数	全世帯に占める割合（%）	単独世帯	夫婦のみの世帯			夫婦（ひとり親）と未婚の子のみの世帯	三世代世帯	その他の世帯
					総数	いずれかが65歳未満の世帯	ともに65歳以上の世帯			
		推計数（千世帯）								
昭61年（'86）	37 544	9 769	26.0	1 281	1 782	781	1 001	1 086	4 375	1 245
平元（'89）	39 417	10 774	27.3	1 592	2 257	880	1 377	1 260	4 385	1 280
4（'92）	41 210	11 884	28.8	1 865	2 706	1 002	1 704	1 439	4 348	1 527
7（'95）	40 770	12 695	31.1	2 199	3 075	1 024	2 050	1 636	4 232	1 553
10（'98）	44 496	14 822	33.3	2 724	3 956	1 244	2 712	2 025	4 401	1 715
13（'01）	45 664	16 367	35.8	3 179	4 545	1 288	3 257	2 563	4 179	1 902
15（'03）	45 800	17 273	37.7	3 411	4 845	1 251	3 594	2 727	4 169	2 120
		構成割合（%）								
昭61年（'86）	—	100.0	—	13.1	18.2	8.0	10.3	11.1	44.8	12.7
平元（'89）	—	100.0	—	14.8	20.9	8.2	12.8	11.7	40.7	11.9
4（'92）	—	100.0	—	15.7	22.8	8.4	14.3	12.1	36.6	12.8
7（'95）	—	100.0	—	17.3	24.2	8.1	16.1	12.9	33.3	12.2
10（'98）	—	100.0	—	18.4	26.7	8.4	18.3	13.7	29.7	11.6
13（'01）	—	100.0	—	19.4	27.8	7.9	19.9	15.7	25.5	11.6
15（'03）	—	100.0	—	19.7	28.1	7.2	20.8	15.8	24.1	12.3

資料　厚生労働省「国民生活基礎調査」
注　　平成７年には兵庫県は含まれていない。

子・高齢化が進む1970年代から“夫婦のみの世帯”が増え、逆に“夫婦と未婚の子のみの世帯”が1986年以降を見ても急速に減少している。他方、“ひとり親と未婚の子のみの世帯”が1975年から21年間に1.5ポイントの増加であるが、実数では1100世帯余り増加している。一方、三世代家族（世帯）は、1920（大正９）年では約31％、1955（昭和30）年32.6％、1985（昭和60）年15.2％、そして2003（平成15）年では10.４％にまで減少した。家族形態のあり方が、1920年以降、大きく変化し、家族形態の多様化の時代を迎えたといえよう。

高度経済成長以降、生活レベルの上昇と長寿化が進むにつれ、親は子どもの結婚直後から、子ども夫婦と同居する割合は段々に減少し、親が高齢になると子ども夫婦との同居が言われたが、実際はどうなのか。**表3**は、世帯構造別にみた65歳以上の者のいる世帯の推移であるが、“単独世帯”と“夫婦のみの世帯”を合わせて2003（平成15）年では47.8％を占めるにいたった。“三世代世帯”は四分の一以下（24.1％）になった。“その他の世帯”が1割強を占めていることにも注意しなければならない。高齢者のいる家族も多様化している。

2．家族の内部構造の変化

家族の形態に大きな変化があれば、家族の内部構造にも変化が生じる。家族は基礎集団の一つであるから、集団としてのいくつかの構成要件を合せ持っている。

まず、家族が集団であるためには、家族員間の継続的な相互作用が必要であるが、相互作用は集団の構成員間における何らかの相互的な働きかけ、影響の及ぼしあいがあるような関係・連結の様式である。アメリカの精神医学者ジャクソン（D. Jackson）は、家族を「相互作用しているコミュニケーションのネットワーク」であるという。それは家族の礎石が相互関係にあると考えたからである。ゆえにその関係は一定状態にとどまらず、常に変化していくという認識が大切である。アメリカの社会学者クーリー（Charles Horton Cooley）が第一次集団の代表例として家族を挙げたのは直接的接触（face to face）による親密な関係を持つためであった。家族が親密な関係を維持し続けるには構成員の数がある程度限定される必要がある。

この親密な関係、さらには集団の他の構成要件との関係で、家族の内部構造を①役割構造、②権威（勢力）構造、③情緒構造、の三つの側面からアプローチすることができるが、ここでは①の役割構造を中心にみることにする。

集団の構成要件の一つに、「集団規範による規制」がある。規範が文章化されている、いないに関わらず、規範によって家族員の行動を規制する。でなければ集団としての家族の秩序は乱れ、崩壊につながる。「家」制度時代には、規範が強く作用し、戦後の民主化とともに希薄化してはいくが、現代家族においても何らかの規範は存在し、作用している。

家族においても「地位と役割の分化」がみられる。家族は小集団であるが、集団である以上、家族内で地位が分化し、その地位に対して、それぞれ役割が周囲から期待される。具体的には、家族員は、構成に応じた位座（position）を占め、それが家族における地位（status）となり、それに応じた役割を期待されて、相互作用を行っている。たとえば、妻子ある男性は、妻に対しては夫、子に対しては父親といった続柄（間柄）が位座であり、家族内の地位となって、他の家族員や社会から家族や社会生活の安定のために、それに応じた役割遂行が求められる。しかし、現実の役割遂行では、家族員個々人のパーソナリティや社会意識の違いによって、かなりの差異がみられる。

家族を一般的に捉えれば永続的な集団であるが、地位に伴う役割は変わらないか、というとそうでもない。家族制度の変化や同じ家族制度でも社会状況や構成員が変わる事によっても変化する。たとえば、戦前の「家」制度の時代では、夫・父の役割、妻・母の役割、そして老人の役割はかなり固定されていた。しかし、戦後、夫婦家族制に移行し、社会が発展するに伴い、女性の社会参加、サービスの経済化、家族の小規模化等によって役割構造は変化し、それも家庭によって異なっている。

アメリカの社会学者パーソンズ（Talcott Parsons）の考えた核家族の最も本質的な役割構造は、世代と性（上位と下位）そして、手段的と表出的といった基準の組合わせによる四つ

図2　核家族の基礎的な役割構造

		機能的分化	
		手段優先	表出優先
力	上位（優位）	手段的上位 父（夫）	表出的上位 母（妻）
	下位（劣位）	手段的下位 息子（兄弟）	表出的下位 娘（姉妹）

のカテゴリーからなる（図2参照）。このパーソンズの提示した役割モデルは、現代社会への適合度の高い核家族における役割構造を示すものである。なぜなら、家族のなかの父（夫）が社会で働き、それを母（妻）が支援するという役割配分で、また次の世代に受け継がれるようになっているからである。

パーソンズのこの役割モデルは、父親と母親の性別役割を強調したもので、この性別による役割分離の原則は19世紀に生まれた。アメリカにおけるこの長い性別役割に対する挑戦は、第二次世界大戦中から始まって、1960年代から急速に後退した。理由は、女性の社会参加が進むにつれ、家族に大きな変化が生じた為である。具体的には、1960年から1975年にかけてのアメリカの家族の変化が、①子どもがいない夫婦、②女性が世帯主の家族、③一人暮らしの男・女、の三つの世帯類型に増加が大幅に集中したためであった（マズニック ＆ ベイン：1980）。そのためアメリカでは、夫のみが就労し、家事は妻がするというのは一般的ではなくなり、従来のパーソンズモデルでは対応できなくなった。

日本の場合はどうかというと、「夫または父不在」がいわれて久しいが、オイルショック以降ニュアンスはやや違うが「妻または母不在」もいわれるようになった。理由は女性の社会参加が大きい。たとえば女性の労働力人口（総務省統計局「労働力調査」）をみても、高度経済成長以降も増加し続け、1998（平成10）年を頂点に、その後減少傾向に転じたが2001（平成13）年に一度増加した。そして、また減少傾向を示し、2003（平成15）ではそれでも2,732万人になっている。労働力人口総数に占める女性の割合は41.0％である。また、女性労働力率は48.3％、女性の雇用者数は2,177万人で、雇用者総数に占める割合は40.8％である。この様に、女性労働力だけをとりあげても、女性の社会参加の度合いが高くなったことが明白であり、それによって、かつての家族内の性別による役割構造から大きな変化が生じたのであった。

女性の雇用者化によって、女性に経済力ができ、家庭内の大切な決定を誰が中心になって行なうか、といった家庭内の権威（勢力）構造にも変化が生じた。

家族が集団であるためには、「共同の集団目標」が必要である。家族は、マッキーヴァー（Robert Morrison MacIver）の集団類型、アソシエーション（association）の一つである。アソシエーションは結社の意味であり、人為的に一定の目的のために形成された集団で、家族の他に教会、学校、病院、国家等があげられるが、家族は、学校や病院などと違い複数の目標の達成を目指す。そのために様々な家族関係を形成し、家族の幸福を目標・目的に、親密で継続的な相互作用を行なう。結果、私の家族・私たち家族、といった意識や一体感が持てることになる。集団の構成要件ということでは、「われわれ意識と一体感」の強さが挙げられる。

明治民法下における「家」制度では、家の存続を第一に想定した結合の原理であったが、戦後の現民法下における「夫婦家族制」では暗黙の内に“愛”が結合の原理となっている。

家族社会学では、それを家族の情緒構造の変化、といった。そのことを端的に表現した言葉が、シカゴ学派を代表する社会学者バージェス（Ernest Watson Burgess）の「制度から友愛へ」という言葉である。しかし、そうした家族のあり方に関する表現方法も、愛があるから結婚生活があるので、今日では「友愛から同僚へ」に言い換えられている。愛情が家族生活の基盤となっている。現代の家族は家族の存続を、集団としての家族の幸せを、そして家族員個々人の幸せを追求してきている。

3. 家族機能の変化

家族の変化は、当然のことながら家族機能の変化を含んでいる。家族機能の変化が起こるために家族の内部構造に、そして家族形態に変化が起こる。

家族の機能とは、家族が社会や個人に対してもつ機能をいう。社会変動により家族理念や家族員の意識に変化があれば、当然、家族の形態や機能にも変化がみられる。

この家族機能の変化に最も早く注目したのが、社会変動の研究で著名なオグバーン（William Fielding Ogburn）であった。彼は、前近代社会の家族機能を主機能と副機能に分け、前者に性的、扶養機能を、後者には経済的、教育的、宗教的、保護的、娯楽的、地位賦与の機能等、を挙げた。このように多機能を家族が持つということは、逆に社会の側が家族のためにそれら諸機能を提供できないためである、ともいえる。したがって彼の考え方は、産業化が進み、専門機関が出現すれば、それが家族機能を代替するため、家族機能は縮小するという「縮小説」である。

他方、バージェスとロック（Harvey James Locke）は、アメリカ社会の家族の変遷について述べ、家族機能を本質的機能と歴史的機能に分け、前者に愛情、生殖、養育機能を、後者に経済、保護、教育、娯楽、宗教を挙げている。いつの時代、いかなる社会においても家族が有していなくてはならないものを本質的機能、時代や社会によって変わるものを歴史的機能とした。彼らはオグバーン説と異なり、本質的でない機能は次第に外部に委譲され、家族でなければ果たせない機能がずっと保持され、それがますます重要になっていくという「専門化説」である。しかし、両学説を比較すると、単に表現の違いともいえる。

家族の本質と言っても、その内容は研究者によってかなり異なる。核家族という造語で知られるマードック（George Peter Murdock）は、人間社会に普遍的な核家族の本質的な機能として①性、②経済の協同、③生殖、④教育、の四つを挙げたが、個々のそれらの機能を充足してくれるのは核家族に限ったものではない。しかし、彼は四つを同時に充足してくれるのは核家族である、とした。

他方、パーソンズは現代社会における家族（核家族）の機能には必要不可欠な二つの機能があるという。一つは、子どもを社会の一員にする基礎的社会化（socialization）、二つ目は、成人のパーソナリティの安定化、である。この二つは相互に関連性が強く、互いに規定しあう関係にある。さらに、これら二つの機能は、産業化が進み、社会の諸機関や施設がサービスの充実化を如何に図っても代替が困難で、家族はこれら二つの機能を失うことはない。パーソンズのこの考え方を家族機能「純化説」という。

これまで４人のアメリカを代表する学者の家族機能説を簡単に紹介した。彼らは、社会が未発展の段階では、人々が社会生活をするうえで必要な様々な諸機能は全てといえるほど家族に委ねられ、社会が発展するにつれ、社会が代替できにくい機能だけを家族に残し、他は徐々に社会に依存していくという考えが強くみられた。もう一つは、表現方法上の問題で、前三者が、個々の機能にのみ注目し、結論として、次第にその機能が特定の機能を除いて外部化し、家族機能としては縮小･専門化していくという考え方に基づく表現であった。他方、後者のパーソンズは、前三者が家族の個々の機能に着目したのに対し、核家族を構成する世代に着目したことと、それに包括的な機能表現としてどう表すかにあった、といえよう。４人のアメリカの研究者の成果をみてきたが、次に日本の袖井孝子の成果についてみることにする。

●日本の家族機能説

袖井孝子は、個人の欲求充足に焦点を合わせて、家族機能を次の４種に大別した（袖井：2003）。

①生命維持機能

食欲、性欲、安全や保護を求める欲求など、それが満たされないと生存そのもの、あるいは種の存続そのものが危うくなるおそれのある欲求の充足をねらいとしたものでる。

②生活維持機能

その社会における一定の基準に照らして満足のいくような生活を営みたいという欲求を充足するもの。この機能を維持するためには一定の収入が必要とされる。

③パーソナリティ機能

Ｔ．パーソンズの家族（核家族）機能が挙げられる。子どものパーソナリティ形成、並びに成人のパーソナリティの安定化には家族の存在が大きい。

④ケア機能

自力で生活できない病人、高齢者、障害者、や児童などに対する援助がケア機能である。①から③までの機能はすべての人々に重層的に当てはまるが、④のケア機能だけは全ての人に当てはまらず、たとえ当てはまっても一時的なものである。

以上、袖井は、家族の機能として四つが考えられるとしている。

4　家族生活のあり方

1．ライフサイクルからみた家族生活

ライフサイクル（life cycle）の考え方は、特定の世代から次の特定の世代へ、生活のあり方が移行するまでの規則的変化の過程をいう。この考え方はイギリスのロウントリー（Benjamin Seebohm Rowntree）が、ブースのロンドン調査に触発されて行なった3回のヨーク市の貧困調査（1899年、1936年、1950年）で取り入れた。その調査結果から、彼は英国の労働者が一生のうち三度際立った困窮状態に陥ることを発見した（**図3**参照）。このように人間の一生のうちにみられる規則的なパターンがあるならば、それは出生、教育、職業、結婚などの家族生活の各ステージを設定した標準モデルを準備する事ができる。しかし、ライフサイクルは、あくまで個人を対象としたものであるが、それが家族の生活周期とあいまって発展してきた。

図3　ロウントリーの貧困曲線

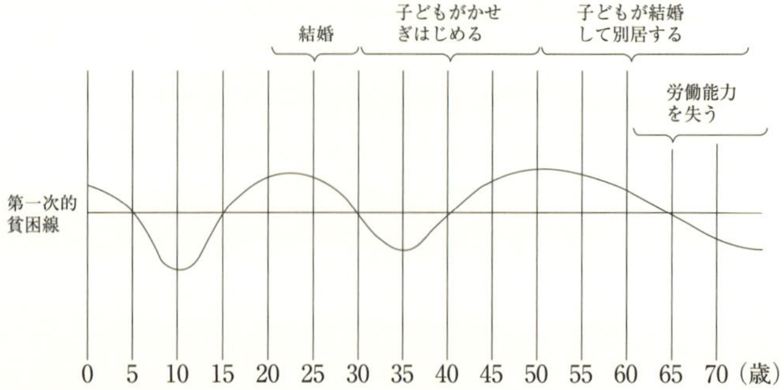

資料　B. S. Rowntree, *A Study of Town Life*, 1901.
長沼弘毅訳『最低生活研究』ダイヤモンド社、1959による。
（佐久間淳『保健福祉学入門』大修館書店、1993）

家族はいつの時代・社会においても同じ周期で、生活が繰り返し行なわれているわけではない。家族周期（family life cycle）の変化は、教育、職業、結婚と家族生活に関わるさまざまなライフイベントの影響や寿命の伸長・出生児数の減少によってもたらされる。

こうした寿命の延び、出生率の低下、さらには未婚化傾向、結婚、長子の誕生、末子の誕生、夫の定年、夫の死亡などが、社会の要求と結合し、それまでの社会における家族周期と異なった家族周期を形成し、その特定時期の一般的モデルが作られる。したがって、ある程度のタイムスパンをとって比較検討することができ、家族周期の違いを鮮明に描くことができる。しかし、それはあくまで特定時期の標準的な一般モデルであり、社会が複雑化・多様化・自由化した現代家族の個別性に対応させることは難しい。そこで考え出されたのがライフコースという考え方であった。

2．ライフコースからみた家族生活

ライフサイクルに代わって新たに提案されたのが、ライフコース（life course）という考え方である。家族社会学の分野で1970年頃に注目されるようになった。

ライフコースの考え方も、年齢によって区分された生涯にわたる期間を各種の経歴の積み重ねとして捉えて、人生の軌跡を示す。具体的には、個人が経験する出来事（卒業、就職、

図4　夫と妻のライフコースの変化

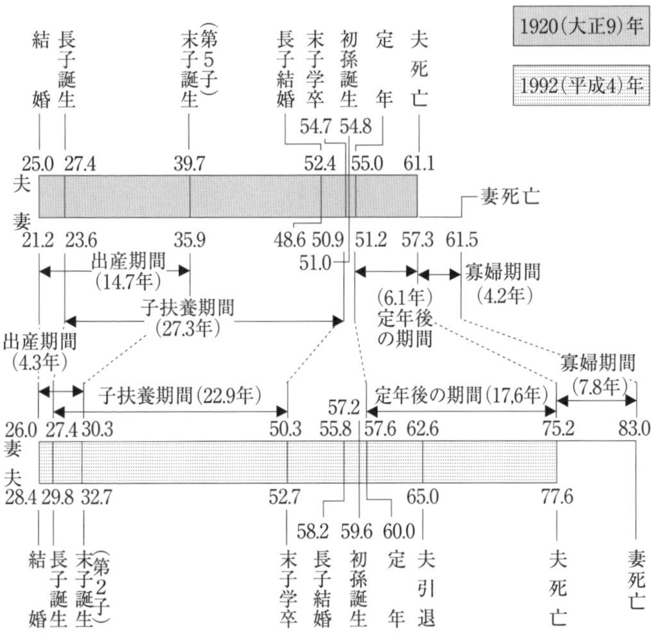

注）厚生省人口問題研究所編『日本の人口・日本の社会』1988.
　　厚生省大臣官房政策課監修『21世紀福祉ビジョン』1994（一部改変）.
資料：藤崎宏子『高齢者・家族・社会的ネットワーク』培風館, 1998.

結婚など)、さらには歴史的出来事を重視して、それとの関係において人生の進路をどのように選択したかによって、その人の人生を明らかにしようとするものである。

一方、家族のライフコースは、家族員の生活史や経歴の相互作用を分析することによって明らかになる。言い換えれば、それぞれの役割や経験、そして期間が違うなかで、ライフステージ(家族周期段階)をどのように選択するかによってライフコースが違ってくる。個人の生き方を歴史的・社会的文脈のなかで捉え、表す、という方法である(図4参照)。

以上のように、ライフコースは、時系列的な生涯にわたる生活の把握方法である。

5 これからの家族

1. 現代家族の危機

わが国の家族はこれまでみてきたように、社会の変化により大きく変わってきた。家族は多様化、小規模化すると同時に、家族機能も専門化・縮小化し、地域社会における家族間の連帯性は希薄化し、個々の家族基盤も脆弱化が進み、これまでの家族の安定性を失ったのであった。家族の変化を方向づけていたものを探ると、家の存続から、家族生活の維持、そして家族員個々人の幸せの追求(自己実現、家族の個人化や自立化等)へと、家族そのものの役割の変化にあったのではないか、と思われる。家族の役割の変化がダイナミックに行なわれたため、以前の家や家族を安定させてきたものが失われ、それに代わる安定性をもたらすものが見いだせないために、“家族の危機”が叫ばれたのであった。

そのような家族の危機は、様々な調査結果にも表れており、“あなたにとって最も大切なものは何か”といった質問に対して、“健康”や“家族”といった答えが寄せられるのは、家族の変化と生活基盤の脆弱化が挙げられる。これまでの家族を支えてきたものに“揺らぎ”が生じたことも大きな影響を与えている。もちろん、現代社会の不透明さもこれには大きな影を落としていることは述べるまでもない。しかし、家族の危機を払拭し、安定性を確立していくためには、やはり家族の本質的な側面から検討が必要である。

家族の本質的側面には、依存と扶養が挙げられる（船橋：1996）。そこには当然のことながら、関清秀の“家族は愛を結合の原理とする集団”の定義にもみられるように、愛があることが前提となっていることを理解しておかなければならない。この愛は家族内における様々な関係から派生する。しかし、現在の家族関係においては依存と扶養といった本質的側面機能も、たとえば共働き家庭の夫婦関係においては経済的依存や扶養などの側面は一部ではあるが喪失しつつある。夫婦関係において互いに個人化や自立が期待され、とくに妻の側に、仕事以外にもさまざまな社会活動への参画を求めるニーズがでてきた。家族内の依存や扶養は、子どもやあるいは老人の一部など自立できない人々に段々限られてきている。

ＩＴ化やネットワーク化が進む現代社会では家族と家族を結ぶネットワークよりも個人と個人を結ぶネットワーク化が進み、家族への依存部分と個人への依存部分の両方に分化していく傾向が著しい。老人扶養においても家族扶養と社会的扶養に分かれ、また気心のしれた仲間とのグループホーム生活なども選択され、これが今後ますます増加すると思われる。

2. 家族のこれからの課題

家族を取り巻く問題は多い。それら諸問題への対応が大きな課題となる。ここではそれらの課題について列挙しておくことにする。

第一は、ジェンダーに関係する課題である。わが国の家族は先進諸国あるいは発展途上国を含めた諸外国と比較して、性別役割が色濃く残っている。国際化が進む現代社会で未だに家事・育児といったイリイチ（Ivan Illich）の指摘するシャドーワークの大部分が当然女性の役割とされていることへの具体的な対応が迫られている。

第二に、家族の集団性と個人化の軋轢により生じる課題である。家族・世帯の多様化や個人化が進むなかで、家族を単位とする戦略がとられれば、家族員の間あるいは個々人の内的葛藤が増大する。「家族が幸福追求集団」となってしまい、家族員個々の福祉追求の側面はどうなるか、という問題がある。他方、家族全体の幸せの問題もある。

第三に、第二と関連して家族が「幸福追求集団」であったとしても、家族の幸せは家族員個々人の多様な経験の積み重ねの結果であるということから、家族員個々のライフヒストリーの研究が一つの大きな課題となる。

第四に、家族·個人を取り巻くネットワークの問題があり、それに対する課題がある。家族・個々人の力は相対的に無力化の傾向はいなめない。ゆえに自由な社会でどのようなネットワーク化がベターなのか、他方、孤立化する問題家族をどうするかの課題もある。

以上のように、家族の本質的な課題の代表的なものだけを四つ列挙したが、他にもたくさんあるであろう。そうした課題にどう今後対応していけるかが社会学の最大の課題といえる。

【引用・参考文献】

- マードック, G.P.『社会構造―核家族の社会人類学』内藤莞爾訳, 新泉社, 2001（原書, 1949）.
- 森岡清美・望月嵩『新しい家族社会学』四訂版, 培風館, 1997.
- 新村出編『広辞苑』（第四版),「家庭」岩波書店.
- 関清秀「高齢者問題と家族―新しい家族像家族政策を求めて」『日中高齢化比較研究』国際連合人口活動基金, 1986.
- 関清秀『中国高齢化プロジェクト研究レポート』第6号, 家族計画国際協力財団, 1987.
- 井上忠司『「家庭」という風景―社会心理史ノート』日本放送出版協会, 1988.
- 『国民の福祉の動向』2004年, 厚生統計協会, 2004.
- パーソンズ, T. & ベールズ, R.F.『家族』橋爪貞雄ほか訳, 黎明書房, 1981（原著, 1956）.
- マズニック, G. & ベイン, M.J.『アメリカの家族―1960-1990』井手生監修／青木久男・久門道利訳, 多賀出版, 1986（原著, 1980）.
- 関清秀監修／久門道利ほか著『現代社会の新社会学』専門教育出版, 1992.
- MacIver, R.M. and Page, C.H., *Society*, Macmillan, 1950.
- 袖井孝子「家族」『社会学』新版　社会福祉士養成講座11, 中央法規, 2003.
- 佐久間淳『保健福祉学入門』大修館書店, 1993.
- 藤崎宏子『高齢者・家族・社会的ネットワーク』培風館, 1998.
- 舩橋惠子「家族研究の現状と課題」井上俊ほか編『〈家族〉の社会学』岩波講座現代社会学19, 岩波書店, 1996.

第 **4** 章

地域と人々のつながり

石川雅典

1

人間は土地と建物を土台として生活の場を設け、
そこを拠点として人間関係を形成し、社会活動を繰り広げている。
そうした中にみられる共同生活が地域社会であり、
これは私たちの生活と不可分の関係にある。

2

地域社会は、時代の変化に伴ってそのなかみを変容させている。
明治期以降の地域社会は、資本主義社会の成立と
発展に規定され変動・展開してきた。
戦前期まで、農村部では村落共同体的な零細性が支配したが、
高度経済成長期の独占資本主義体制を経て姿を変え、
産業化に伴って都市部のみならず農村部にも都市化が浸透した。

3

高度成長期の都市化の浸透を受けて、
1970年代より行政によるコミュニティ施策がはじまる。
この施策は一定の成果を残したが、
現在の日本は新たな社会的潮流が渦巻いており、
コミュニティの再考期にある。
地域社会は複雑多様化しているため、
今日の地域社会研究は、概念を操作化することによって
地域社会を浮き彫りにすることが求められる。

1　地域社会とは何か

1．私たちと様々な人間関係

すでに学んだように、人間は社会的存在である。よく考えてみれば、私たちは毎日の生活の中で数多くの人たちと接触し、そしてその中で重要な他者と人間関係を取り結んでいる。

ほとんどの人は家族の中に生まれて成長する。あまりにも当たり前過ぎるかもしれないが、例えば幼少の子どもにとって家族の持っている意味は小さくない。家族は最も基礎的でかつ運命的な集団であり、利害抜きで共同生活を営んでいる。

また、家族を構成する世帯のまわりには近隣がある。近隣は、近くに住むことで生じる地域の最小の社会的単位のことで、範囲のやや異なった隣近所、地域集団の単位となる町丁目（町内会や自治体の単位）、学校区がこれに含まれる。かつては親しくおつきあいをする隣近所という意味を込めて「向こう三軒両隣」という言葉が用いられ、近隣は人間にとって「第二の家族」的な存在とみられた。

今では、一般に近隣の社会関係が希薄になったといわれている。子どもや学校など、ある目的やきっかけを通じて特定の隣近所同志がおつきあいをしている例は散見されるが、地域における生産活動の共同性が減少したことや高い移動性などにより、全体としては近隣でおつきあいをする必要や機会は薄れてきている。しかし、少子化が進んでいる今日でも、例えば家族の中で成長した幼い子どもにとって、近隣の子どもの存在が消失したわけではない。

さらに、学校や職場で取り結ばれる選択的な人間関係がある。これらは家族や近隣とは性質が異なって運命的ではない。しかしながら、「相談相手は親でなく友人」と聞くことがあるように、学校や職場で取り結ばれる人間関係は、運命的でないぶん、極めて大切な人間関係を形成する場合がある。友人関係と似たような性質の関係を先輩－後輩、上司－部下、先生－生徒にまで一様に広げて考えることは無理があるが、運命的でない関係の重要性は、今日の生活の仕方に見合うかのように増してきている。

どのような人間関係であるかによってその性質や内容に違いはあるものの、いずれにしても、人間はいろいろな人と関わりを持ちながら、お互いに助け合ったり協力し合ったりして生活していることが分かる。

2．私たちと地域社会

ところで、時代とともに人間関係の性質に変化はみられても、私たちは基本的にどこかの土地に居を定めて生活している。住まい方は様々であり、ひとり暮らしの人もいれば、家族と一緒に暮らしている人もいる。ほぼ間違いなく言えることは、私たちはその居を拠点として生活し、ある人はそこから学校や会社へ通い、ある人はカルチャー・センターに出かけ、ある人は近隣の人たちと地域行事に参加する。そしてまたある人は、そこを生産活動の舞台としている。忙しいサラリーマンの中には、一日の大半を職場で過ごす場合も多いだろうが、「寝に帰る」ところをもたずに働く人は少ないであろう。近隣の関係が薄くなった今日でも、居のもつ意味は決して小さくない。

そして、私たちは居を拠点に、学校、職場などでそこから派生する様々な人間関係を取り結びながら、基本的に一定の約束事やルールのもとで日々生活している。居を定めている近隣を中心に生活を営んでいる場合は、生活の範囲は相対的に限られている。会社に通う人ならば、自宅（第一の空間）と会社（第二の空間）、そしてある場合には第三の空間（例えば盛り場）において、その中で活動を営む。

新幹線通勤が広がりを見せる今日では、一日の通勤距離が往復で200kmを超える例も少なくない。また、携帯電話やインターネットの普及は、私たちの生活上のネットワークを著しく広げている。しかし、どれだけ交通・通信手段が発達しても、パターン化された生活を営むうえで人間が毎日のように移動できる距離には限界があって、地域的に無限な広がりと移動性を示すことはまずほとんどない。通勤・通学をしている人にとってみても、およそ日々の移動に伴う生活範囲は面的・点的に限られている。そして、私たちが通勤・通学したり買い物をする範囲は、その個人をむかえる企業や学校、商店などにとって、ある一定の範囲の人を対象として諸活動を行う範囲ともなる。ともあれここで指摘しておきたいのは、私たちの主要な生活は、それぞれの生活の仕方に応じた「限られたなじみの生活空間」とも言うべき範囲の中で営まれている。地域社会とは、基本的にはこのような中にみられる共同生活のことを指している。

以上をみていただければ分かるように、人間は土地と建物を土台として生活の場を設け、そこを拠点として人間関係を形成し、社会活動を繰り広げているという意味で、私たちの生活と地域社会とは不可分の関係にある。

さて、人間の生活と不可分な地域社会は、時代による変化の影響を受け、そのなかみや考え方を大きく変容させてきた。

2 地域社会の変動と歴史的展開

日本の地域社会は、戦前から高度経済成長にかけて農村と都市に分けてみられてきた。農村は農村社会学が研究の対象とし、都市は都市社会学が扱ってきた。ここでは、まず戦前から戦後にかけての地域社会と農村・農業の変化を通観しておこう。

1. 戦前の地域社会と農業・農村

第二次世界大戦以前の日本社会は全体としては農村社会といえるものであった。農村社会とは、主に農業に従事する人によって構成される地域社会のことである。就業者に占める農業従事者の割合は明治維新期で8割を数え、終戦後しばらくも半数は農業に従事する人で占められていた。ところが、明治から戦前にかけての日本社会を地域社会の歴史区分で分類すると近代の地域社会に組み入れて考えることができ、自給自足の家族主義的小農経営を中心とした村落共同体的な前近代（江戸時代以前）の地域社会とは区別される。

ここで少しだけ前近代の地域社会の大きな特徴である村落共同体のなかみにふれておくと、この共同体は自然発生的であり、メンバーの生活が共同体を離れては成立せず、イエと呼ばれる日本の伝統的家族を構成単位とするものであった。生産・生活を維持していくために、メンバーは相互に緊密な協力関係を持ちながら共同で土地を耕し、薪や野草を供給する入会や共有地をもった。そして、メンバーの生活のほとんどはその共同体で完結し、内部的には規制が課せられた（いわゆる村八分)。メンバーはこの共同体の中にいることによって生存が保障されるとともに、個人の自立は許されなかった。共同体の内部は結束し、共同体の外部からの攻撃を団結して防衛する一方、外部に対しては封鎖的であった。

明治期以降の地域社会は、今述べたような前近代の地域社会といくつかの点で異なる。近代とは抽象的な概念であり、自由や平等、合理性、民主制、技術の進展を内容とするものであることから、近代の地域社会は明治政府が主導・推進した資本主義とそれによって成立した資本主義社会との関係で考えることができる。資本主義社会とは、基本的に人間類型としての資本家と賃金労働者の関係が存在することを前提とするものであり、お金やもとでをもっている資本家が労働者を雇い、会社を合理的に経営することで私的利潤を得ることを目的とする階級社会である。近代の地域社会の典型は、繊維産業などで勃興した産業都市であり、そこでは生産を担う企業と生産にも従事し消費者にもなる労働者が入り交じっていた。

ところで、この時代の農村では零細性が支配していた。その大きな要因は、明治政府が富国強兵政策を推進する必要から資本主義の成立・発展を短期間のうちに果たそうとしたことにあった。つまり、この過程では資本主義企業の体力が十分についていないため、労働者として日本の各地にいた大多数の農民を吸収することができなかった。そのため、農民は大きな農地を所有する地主に請うて耕作地を借り、地代を払って小作農として農村に残った。こうして、歴史区分上近代の地域社会に分類される時代でも、農村では村落共同体とイエを特徴とする前近代的なスタイルが存続した。

戦前の農村は、以上のような地主制(明治中期からは自作地を縮小・廃止して寄生化する寄生地主制が出現）と過剰人口を抱え、そのことが農村の前近代性と封建制、非合理性を規定した。また、農家の生活を維持するためのイエ制度と共同体の秩序が維持されたことによって、発展途上の資本主義企業にとっては、農村が細井和喜蔵の『女工哀史』（1925）にあるような低廉な労働力の供給源となった。こうして世界史的には極めて短期間のうちに戦前日本の資本主義は発展した。

近代の地域社会とは、資本主義企業が産業都市を拠点に生産活動を営む一方で、村落共同体的でイエを構成単位とする零細な農村を各地に多く抱えることを構造的な特徴としていた。

2．戦後の地域社会と農業・農村

戦後の地域社会は、歴史区分をすれば現代の地域社会として考えることができる。そして、それは現代の資本主義と深い関係を持っている。戦後に純粋化した日本の資本主義は、資本家同士が自由な競争を行った結果、（国家）独占資本主義としての特徴をみせるようになった。独占資本主義とは、生産と資本を高度に集中化させた金融・産業の融合した巨大資本（例えば三菱、三井、住友など）によって支配される資本主義の最も発展した段階のことで、こうした中では、中小資本家はとても厳しい経営や選択を迫られる。独占資本は、労働力の募集や材料の調達、商品の販売などを全国規模で（最近では超国境的に）展開し、日本国内のみならず地球規模で企業活動を繰り広げる。独占資本が利潤をあげる重要な条件は社会の安定性であり、それが国家によって担われていくとき、国家と独占資本が協力体制を築く。

現代の地域社会は、このような国家独占的な資本主義社会に規定されて、かつての村落共同体や伝統文化が変質し、地域社会としての統合性を弱化させた。交通・通信手段の発達も手伝って人間の生活範囲や移動性は拡大し、生活そのものはひとつの小さな地域社会内部で完結するものでなくなっている。商品は全国販売され、メディアからは中央（大都市）の文化がリアルタイムで発信されてくる。言葉遣いや冠婚葬祭の仕方、行動や思考パターンなど、かつての地域社会が有していた独自の文化は中央文化に一定程度浸食され、画一性を増大させている。

戦後の農村は、農地改革と戦後の復興期を経てこのような大きな流れの中に巻き込まれ、日本の農業・農村が劇的に変化した時代であった。所得倍増計画を初めとする高度経済成長諸政策の展開によって産業化が進展すると、都市部に人口が集中するとともに、農村には後述するような都市化の波が押し寄せ、都市と農村は区別できないものとなった。

こうした中、戦後の農業は1961年に制定された農業基本法とそれに基づく諸政策（基本法農政）によって規定され、戦前に引き続き小農経営が多くを占める中、勤労者と同等の農業収入を上げる自立経営農家の育成が目標とされた。圃場は整備され農業機械の導入は著しくすすんだ。その一方、高まる労働力需要に呼応するかのように、より高い消費生活水準を求める農村の人たちは都会に流出し、農村では兼業化が著しく進行した。機械化の著しい進展によって現金収入獲得の必要が高まった水田地帯では、兼業化や出稼ぎの増大に拍車がかかった。また逆に、農村では資本による市場開発もすすめられた。

70年代にはいると総合農政が始まる。この中には、米の生産量増大と消費量低迷のミスマッチに伴う米の生産調整（いわゆる減反政策）が基本のひとつとして盛り込まれていた。生産調整は、農業を基盤とした生き方に変更を迫ったなどの意味で、農村の人たちに与えたインパクトは大きい。それでも政府は、農業集落の「見直し」を図りながら減反政策を継続した。戦後の農業・農村はこの頃から大きく変わり始めた。農業就業人口、農家戸数、農産物の自給率の低下など、農業の指標はどれもが低下した。兼業が維持できないところでは農業後継者が流出して雪崩式に過疎化が進行し、限界集落と呼ばれる集落も出現した。

結局、当初の自立経営農家育成は失敗に終わった。67年に全農家の12.9％を示していた自立経営農家率は、90年代以降５％台でとどまっている。また、86年のウルグアイラウンド（多角的貿易交渉）を経て提出されたレポートは、農業の自由化と合理化を求める内容であり、国内の食糧自給率が下がる中で、日本政府は新たな農政プランを提出する必要に迫られた。これらを受けて94年には新食糧法が施行されて米流通の自由化が本格化した。また、99年には①食糧の安定供給の確保、②農業の持続的な発展、③多面的機能の発揮、④農村の振興の四つを基本理念とする「食糧・農業・農村基本法」が施行され、21世紀の日本の農業と農村のあり方が示され始めた。かつて、ヤミ米派の烙印を押された秋田県大潟村の農家が、今や年商60億円を売り上げるモデル農業経営者となっているニュース（2004年９月４日付け朝日新聞）は、こうした社会潮流を背景に生まれてきたといえる。

3 都市と都市化

明治中期に出現した日本の産業都市は、それ以前の都市（例えば中世都市）とは質の異なる近代都市であった。近代都市とは、ヨーロッパの近代資本主義社会の創始とともに出現し、基本的に産業化を伴って大きくなった都市を指す。

近代都市の出現は、ヨーロッパやアメリカを初め、日本の研究者の注目を集め、様々な研究が行われ考え方が示されてきた。

1．都市とは

都市に関する社会学的研究はヨーロッパで始まった。

まず、1887年に「ゲマインシャフトとゲゼルシャフト」を著したテンニース（Ferdinand Tönnies）は、近代大都市をゲゼルシャフトの典型であるとした。テンニースは、ゲゼルシャフトを打算的で非人間的な関係で結合された状況を指すものとし、大都市は資本と貨幣が渦巻き、利己主義が支配的であるものとみた。また、ゲゼルシャフトと対概念を構成するゲマインシャフトは人間的な結合状況を指すもので、近代大都市の中の町に存在することを認めている。

次に、後のアメリカの社会学に強い影響を与えたジンメル（Georg Simmel）は、1903年の「大都市の精神生活」で、ロンドンなど近代資本主義の成立とともに登場してきた近代都市に注目し、そこで展開される生活様式について鋭い指摘を行った。ことに、貨幣経済の中心であることなどの構造的特徴が、人間に匿名性や自由性などをもたらすことを指摘した。

ジンメルが見出した内容は、今の時代に当てはめて考えてみても新鮮さを失わないものである。

そして、ジンメルの影響を受け、都市の社会学的研究を本格化させたのはシカゴ学派である。シカゴ学派は、1920～30年代にかけてアメリカのシカゴ大学に所属していた研究者集団を指す。彼らは、経験的調査により都市の科学的研究を行った。シカゴ学派の中で重要な研究が、バージェス（Ernest Watson Burgess）の同心円地帯理論と、ワース（Louis Wirth）のアーバニズム論である。

同心円地帯理論は、シカゴをモデルとして、人間生態学の立場から五重の同心円を描いて都市の成長パターンを示したものである。同心円の内側から、中心業務地帯、遷移地帯、労働者住宅地帯、住宅地帯、通勤者地帯で構成され、都市の拡大に従って、基本的に内側の地帯が外側へ侵入していくモデルである。

もうひとつのワースのアーバニズム論は、高度成長期以降、日本の都市社会学の分野でも盛んに紹介された。彼の理論は、生態学的側面と社会構造的側面、そして社会心理的側面の3つに図式が分けられていて、生態学的側面における有名な都市の定義、すなわち「社会的に異質な諸個人の、相対的に大きい、密度のある、永続的な集落」を基礎として、社会構造的側面と社会心理的側面をとらえようとしたところに大きな特徴があった。換言すれば、以上のような内容の生態学的側面が成立すると、それが社会構造や社会心理の側面に影響を及ぼし、都市固有の生活様式、つまりアーバニズムが生まれるとした。ワースのアーバニズム論は注目を集めたが、個人が砂になるような社会解体的イメージが強かったため、シカゴ以外のアメリカ国内や低開発国の都市における第一次集団の発見を行った研究者などから様々な批判がなされた。ワースのアーバニズム論は、農村から都市への激しい人口流入が続き、新しい土地での生活適応を迫られる条件下のものに当てはまる産物であったが、アーバニズム論が都市化という社会変化の過程を含み込む考え方であった点は注目されてよいであろう。

一方日本では、鈴木榮太郎が戦後に結節機関説を提唱した。彼は、生業活動の社会的単位である機関（駅やスーパー、工場など）が、社会的交流（コミュニケーション）の結節としての意義を多くもっている機関を結節機関とし、そのような結節機関が存在する場所を都市と考え、その数と種類が多ければ多いほど都市的であるとした。そして、都市について「国民社会における社会的交流の結節機関をそのうちに蔵していることにより、村落と異なっているところの聚落社会である」との独自で明快な定義づけを行った（鈴木：1965）。

以上のように、様々な研究者が都市の社会学的研究にたずさわってきたが、都市とは、人口の量が相対的に多く、人口密度が高い集落という点において共通している部分が多いといえるだろう。

2．戦後日本の都市化

人口や機関が都市に集中・集積する現象や、生活様式が都市的になっていく現象をさして都市化という。日本の高度経済成長期は、産業化を伴った都市化が急速に進展した時期として注目できる。そしてこれが、戦前以来続いてきた農村と都市の相違をうすれさせ、大都市圏と農村部とに程度の差はあれ、全国規模で都市化社会の時代を到来させた。

国民生活の安定と経済の再建を目指す国土総合開発法

(1950) に端を発する地域開発は、重化学工業中心の工業開発に力が注がれ、大都市部の過密による都市問題と地域間・農工間の格差を生みだした。その格差是正を目的とした新産業都市政策は、国民所得倍増計画の具体的な実現の方向を示した全国総合開発計画 (1962) の注目政策として打ち出され、地方自治体や地方の住民の期待は高まった。続く新全国総合開発計画 (1969) は、全総の反省にたち過疎・過密問題の解決を図るため策定されたが、全国規模で過疎・過密問題や公害問題を生んだ。

では、この時期に著しく進行した都市化は一体どのような生活上の変化をもたらしたのであろうか。

高橋勇悦は、社会的な分化と統合の帰結として、ことに次の二つの都市化の特質に注目している (高橋：1984)。

まず第一に生活の個人化である。生活の個人化とは、人間が集団での生活をせずにすむ条件が整い、個人単位に別々の生活を持ち行動すること、そして個別の関心を追求する傾向を指す。その個別の内容として、高橋は①第二次的接触 (いわゆる「冷たい」関係) と人間関係の省略化、②社会的人間の非社会化、③個人化・個人主義・集団主義・私事化、を挙げ、これらが産業化の進展とともに進行したと主張している。

生活の個人化は、ワースのアーバニズム論のなかみとかなり重なるが、家庭やゲームセンターで一人でゲームに興じている子どもたちや若者、個人の旅行パックの普及・拡大、結婚の意味の変化 (子孫の再生産→「私」の幸せ)、列車やバスの中での携帯通話など、様々な生活行動・態度・意識の中に見出すことができる。

かつて、筆者はブラジルで日系人の調査に参加したことがある。その際、戦後にブラジルへ移住し、久方ぶりに日本に一時帰国した日系人がもらしていた言葉を今でも忘れることができない。「私がしばらく日本を離れている間に、日本人はカタカナ文字を多用するようになり、そして全体的に冷たくなった。」筆者は、長いこと日本を離れていたその日系人の言葉の中に、戦後日本の大きな変化（冷たさは、まさにここでいう生活の個人化）を感じとったものである。

第二は生活の社会化である。生活の社会化とは、人々の生活が外部の施設・機関に依存する傾向を指す。個別の内容としては、①商品化・マニュアル化・福祉化、②世界に広がる交通とコミュニケーション、③都市化社会の共同生活、が挙げられている。モノやサービスが商品として提供される傾向や、そのような提供や支援なしには生活が成り立たない傾向を含んでいて、このような社会化のもとで個人化はますます促進される。

これらは、倉沢進の都市的生活様式論に通じる内容をもっている。倉沢は、「非専門家である住民による共通・共同の問題の相互扶助的な共同処理が、村落における共同の原則であるのに対して、都市における共同の原則的なあり方とは、専門家・専門機関による共通・共同問題の専門的な共同処理…そして一人ひとりの住民が自身一個の専門家としてこの専門処理システムの巨大な歯車の一端を担っている」ところに、村落とは異なる都市的生活様式の特質を見出した（倉沢: 1984）。

世界自然遺産に指定されている飛騨の白川郷では、合掌造りの屋根の葺き替え工事が、今なお昔ながらの住民の共同作業によって行われている。これはユイ（家業経営や家事作業におけるイエ相互の協同労働組織）の形態によるもので、葺き替えを行う場合は、半年以上前から準備にかかり、大勢の人たちが各自の役割を担いながら葺き替えを行う。専門業者に葺き替え工事を依頼することも可能だが、その対価は1,000万円単位とも言われ、住民の共同作業との差異が顕著である(NHKスペシャル「80年ぶりの大屋根ふき―白川郷“結”復活の記録―」2001.5月放送)。

都市化の特質にみられる内容は、高度経済成長期以降の私たちの生活に奥深く浸透している。民間企業の商品やサービスはもちろんのこと、行政のサービスも高次化の途を辿ってきた。生まれたときから都市的なパーソナリティを身につけた世代にとっては、このような外部の施設や機関に依存することがあまりに日常化しているため、依存していること自体なかなか不思議に感じない。人と施設・機関との間には高度な相互依存ネットワークが形成され、程度の差はあるにしても、そのような「共同生活」の中にあって生活が維持されている。

一方、現在の日本は都市化の成熟段階にある。1980年以降の日本社会における新たな潮流(国際化や情報化、少子高齢化)と激しい経済社会変動の中で、たびたび話題となるボランティア活動のようなボランタリー・アソシエーションの展開は、都市化の延長にある新たな生活様式の内容を構成しているといえる。

4 コミュニティ

都市化が成熟した今日、日常生活の場面でコミュニティという言葉がたびたび交わされる。筆者が地方都市で参加しているまちづくり団体でも、商店街の再生を目指すプロジェクトグループでも、住んでいる町の現状や将来を話し合う会合の中でコミュニティの言葉が飛び交う。一体、コミュニティとは何なのか。

1. コミュニティの原義

第1章でも述べられたように、コミュニティはそもそも20世紀前半にマッキーヴァー（Robert Morrison MacIver）が提唱した概念で、「村とか町、あるいは地方や国とかもっと広い範囲の共同生活のいずれかの領域を指すのに用いようと思う。ある領域がコミュニティの名に価するには、それより広い領域からそれが何程か区別されなければならず、共同生活はその領域の境界が何らかの意味をもついくつかの独自の特徴をもっている」（マッキーヴァー：1975）とされるものである。これは、ある程度の社会的結合と社会的な特徴を有する社会生活の一定の範囲を指し、地域性と共同性を基礎としている。

マッキーバーのコミュニティは、特定の共同の利害や関心を追求するためにつくられたアソシエーション（具体的には国家や労働組合など）と対照的な社会集団類型として示され、共同性の特徴として、社会的類似性、共同の社会的観念・慣習・伝統、共属感情といった心情的なつながりの意味が込められた用語である。この意味でのコミュニティは、前近代の村落共同体的な地域社会にそのまま当てはまる。

2. コミュニティの意味の変化とコミュニティ施策

高度経済成長期の都市化によって共同性が次第に変容しつつある現代の地域社会では、上で述べた原義としてのコミュニティは理念としての性格が強い用語となる。この用語がもっているもともとの概念が、実際の社会の変化との間で徐々にズレを生み、存在概念であり続けることができなくなってきたのである。高度成長期に発生した様々な地域問題・生活問題を背景として登場したコミュニティ施策は、まさにコミュニティを社会目標としての期待概念として用い、その中で住民相互の社会的連帯や地域社会への帰属意識が強調された。1969年9月の国民生活審議会調査部会コミュニティ問題小委員会報告書『コミュニティ―生活の場における人間性の回復―』に盛り込まれた有名な文言は次の通りである。

「生活の場において、市民としての自主性と責任を自覚した個人および家庭を構成主体にして、地域性と各種の共通目標をもった、開放的でしかも構成員相互に信頼性のある集団を、われわれはコミュニティと呼ぶことにしよう」

この報告は、前近代的な地域社会の崩壊によって人間をその煩わしさから解放し、しかし都市化の進展によって高まる孤立感を批判しながら、個人と家庭の自立を維持して、開放的で相互に信頼しあえる関係をつくるという考え方によるものであった。この考え方に対し、都市住民は本当に孤立しているのかや、信頼しあえる人間関係がなぜコミュニティに求められなければならないのか、などの批判がなされた。ともあれ、この報告書を契機として、1970年以降行政主導によるコミュニティ施策がすすめられる。当時の自治省は、70年8月に「コミュニティに関する対策要綱（案）」を策定し、それに基づいて３年間で全国の小学校区程度の83のモデル・コミュニティ地区が指定され、コミュニティ施設（例えばコミュニティ・センター）を住民が自主的に管理・運営することによりコミュニティ活動を推進しようとした。いわゆる施策としてのコミュニティ形成である。

コミュニティ施策が実践的にすすめられる中で、奥田道大は地域社会の類型化を試み、地域社会に対する行動体系（主体的・客体的）の軸と、価値意識（普遍的・特殊的）の軸をクロスさせてモデルを提示した。それは、①伝統やしきたり、人々の和を大切にする「地域共同体」モデル、②関心や愛着は少なく地元の熱心な人が地域をよくしてくれることを期待する「伝統型アノミー」モデル、③自分の生活上の不満や要求を市政に反映するのが市民の権利と考える「個我」モデル、④自分の生活の拠り所では、住民が互いに協力して住みやすくするよう心がける「コミュニティ」モデル、の四つから構成される（奥田：1983）。このモデルは、①→④へと歴史的に発展する過程を示していて、④のモデルは、地域住民が地域社会のために主体的に行動し、かつ地域エゴでなく普遍的（市民的）な価値意識をもちながら地域社会のことをとらえていく住民によって構成される類型として示された。この類型は今日なお新鮮であり、多くの人によって紹介されている。

ところで、モデル・コミュニティ事業をきっかけとして、全国の自治体にはその後20年の間に数千にのぼるコミュニティ・センターが建設された。コミュニティ施策や考え方が自治体に浸透した結果とみることができる。コミュニティ・センターは地域活動の基盤であり、これが従来型の地域集団と別に設置されたことの意義は大きい。また、おおむね小学校区のコミュニティが制度化され、行政や住民に認知されたのもこの施策があってこそである。その一方で、コミュニティ施策がもっぱら施設建設中心になってしまっているとの認識があったことも事実である。コミュニティ＝コミュニティ施設の建設になってしまった。

80年代に入る頃から、コミュニティに関する新たな議論が登場してきた。それは、ワースのアーバニズム論に代表されるコミュニティ解体説と、それへの反論であるコミュニティ存続説に続く三つ目のもので、コミュニティ解放説である。ウェルマン（Barry Wellman）によって提唱されたこの説は、交通手段の発達などによって、人々の親密な絆が基礎的な空間から解放され、広域的な友人・親族ネットワークのかたちをとるようになる、というものである。この説は、コミュニティの地域性を限定的にとらえ、これをネットワーク概念でとらえ直すことにした点で、コミュニティ概念に広がりをもたせた。

ところで、コミュニティ施策が展開される中で一躍注目を集めたのが、旧来より地域集団として存在していた町内会・自治会である。コミュニティ組織の母体として期待されたのである。

3．町内会（部落会）・自治会

町内会・自治会は、日本各地に存在する地域集団である。町内会は、古くは自治制度の担い手として明治時代以前に遡ることができる組織で、東京では20世紀初頭までにその母体ができ上がった。臨戦体制が高まる中で、1940年までには国家による民衆の組織化・戦時業務の実践単位として、全戸が集権的行政機構に組み込まれた。

敗戦によって、町内会は政令により一旦禁止されたものの、組織自体は社会的に存続し、52年の講和条約発効で政令が無効になって以降、全国各地で任意団体として復活した。

このように歴史的存在である町内会・自治会は、一般に①加入が世帯単位、②全戸の自動的・強制的加入、③目的が多岐的で包括的、④行政の末端機能、⑤排他的地域独占、といった組織上の特徴を有している。今日、活動自体がマンネリ化したり形式的であること、そして担っていた活動がほかの組織にとって替わられてしまった町内会・自治会では、組織率の低下や組織自体の形骸化がすすんでいる。しかしその反面、多くの町内会・自治会が、地域の中で様々な役割を担い、活動していることは確かであり、私たちの生活とどこかで接点をもっていることは否めない。中には、地域課題に取り組む重要な活動を展開している町内会・自治会もある。

現在、ほぼ全戸を網羅している町内会・自治会に対する期待は存在する。阪神・淡路大震災の際には、町内会・自治会が被災者救済の母体として機能した。コミュニティ形成の担い手団体として、そして近年増大しているNPO（Non Profit Organization＝民間非営利組織）など他の団体との連携を通し、町内会・自治会活動（例えば防火・防犯など）が今の時代に見合ったかたちで活性化されることに注目が集まる。

5 今日のコミュニティと地域社会研究

1．今日のコミュニティ

70年代から続いてきた行政主導のコミュニティ施策は、全国に数多くの関連施設を建設し、地域の住民に様々な活動の場を用意してきた。これからは、日本をとりまく社会的潮流（国際化や情報化、少子高齢化）がますます進展する中で、行政主導のコミュニティ施策を一旦はなれて、コミュニティなりコミュニティ形成を再考してみる時期がきているように思われる。

増大する外国人居住者との共生、車社会の発達や郊外化の進展に伴う交通弱者への対応、健康や福祉の増進、環境問題への取り組み、行政と住民の協働によるまちづくり、市町村合併による地域生活の変化など、私たちの身の回りでは様々な社会事象が生起・変化している。そのような中で私たちはどこに位置し、そしてどのように生きていけばいいのであろうか、さらにその中でどのような社会関係を築いていけばいいのであろうか。今日のコミュニティは、これまでのコミュニティ施策ですでに基礎固めされつつある様々な活動を直視し、新たな時代の変化や生活様式に対応した人間社会の共同のあり方を模索することに、その形成の鍵があると考える。

これらのなかみは地域社会研究を通してみえてくる。そこで最後に、今日の地域社会研究の方法についてふれておこう。

2．今日の地域社会研究

「1　地域社会とは何か」でふれたように、私たちは居を拠点として毎日の生活を営んでいる。そして、基本的にそこから取り結ばれる人間関係をもとに地域社会を構成している。隣近所に生活の中心をおく場合や、会社や学校を中心におく場合、または遠く離れた人たちとネットワーク的につながりをもつ場合など、様々な社会関係があるだろう。ここでひとつだけはっきりと言えることは、前近代の村落共同体的な地域社会では、地域性と共同性が同じ範囲の中から取り出せたのに対し、現代の地域社会は、都市化の進展によってそれが複雑多様になり、取り出すことが難しくなっていることである。

そこで、地域社会研究を行う際に求められるのは、ある一定の地域で見受けられる出来事に注目し、そこから見出される構造や機能を析出することである。換言すれば、地域社会は目的に応じて操作的に取り出される性格をもつ概念となる。筆者は、今日の地域社会が複雑多様であるだけに、地域社会研究はその目的や出来事に注目する理由を明確にすることに今日ならではの意義がある、と考えている。

例えば、国内外でみられる各種の社会活動や行事に注目してみよう。すると、それらの代表者は誰で、どこを活動の拠点にしているのか。どのようなメンバーや集団によって担われていて、その中ではどのような役割分担がなされ、ルールが確立されているのか。活動や行事に必要な資金はどのように賄っているのかなどなど、活動や行事に注目し、そのなかみを炙り出すことによって地域社会を浮かび上がらせることができる。

すると、そこから浮かび上がってくるものは、地域的にかなり限られた範囲のものであったり、かなり遠方の人や集団まで含んだものとなる可能性がある。さらに、情報機器や通信手段を通じた超国境的なものともなり得る。それでも、これらはいずれも地域社会のなかみを構成するものである。これが構造への注目である。

そして、地域社会がどのような人たちに対して何をどのようにもたらしているか、といったことに目を向けることによって、その機能に着目できる。私たちの周囲では様々な社会事象が生起･変化している。筆者は、そのような中にあって、地域社会は私たちの生活の幅を広げたり、経済・社会の変化に伴って生じる課題の解決に機能的であると考えている。上述したコミュニティ形成の問題は、このような分析を通じて析出することが可能である。地域社会が今日注目を集める理由はそこにある。

【引用・参考文献】

- 高橋勇悦・大坪省三編『社会変動と地域社会の展開』学文社, 2000.
- 倉沢進『コミュニティ論』放送大学教育振興会, 1998.
- 高橋勇悦・菊地美代志編『今日の都市社会学』学文社, 1995.
- 高橋勇悦監修『21世紀の都市社会学』学文社, 2002.
- 蓮見音彦・奥田道大編『地域社会論』有斐閣, 1980.
- 鈴木広・倉沢進『都市社会学』アカデミア出版会, 1984.
- 高橋勇悦『都市化社会の生活様式』学文社, 1984.
- マッキーヴァー, R.M.『コミュニティ』中久郎・松本通晴監訳, ミネルヴァ書房, 1975（原著, 1917）.
- 『都市社会学原理　増補版』鈴木榮太郎著作集６, 未来社, 1965.
- 奥田道大『都市コミュニティの理論』東京大学出版会, 1983.
- 暉峻衆三『日本農業100年の歩み』有斐閣, 1996.
- 友枝敏雄・竹沢尚一郎・正村俊之・坂本佳鶴恵『社会学のエッセンス』有斐閣, 1996.
- 奥井智之『社会学』東京大学出版会, 2004.
- 東京市政調査会『都市問題』89-6, 1998.
- 東京市政調査会『都市問題』92-9, 2001.

第 5 章

産業・組織の人間問題

齊藤幹雄

1

技術進歩による大量生産方式を可能にした
テーラーの「科学的管理法」はいかなる方式であり、
どのような問題点を露呈したかをまず把握する。
その問題を踏まえて、インフォーマル・グループの発見に代表されるように
経営体が社会組織として感情を抱き、
様々な社会関係をとり結ぶ人間の顔をもつことを学ぶ。
「人間関係論」として成立したそれは、“あるがままの人間関係”とは別に
労務管理の一環として活用される面もあり、批判を浴びることとなった。
人間関係論の反省を踏まえて登場した行動科学は、
モチベーション理論やリーダーシップ論に結実された。

2

現代社会は組織社会でもあるが、
組織の原理をなす官僚制はどのような仕組みなのか、
そして官僚制の逆機能はなにをもたらしているのかを明らかにする。

3

組織に依存する「会社人間」の矛盾をとりあげ、
その上で組織人モデルから職業人モデルへの要請を示唆し、
またフリーター問題にも触れて職業の意義を問い直す。

社会学の応用分野のひとつである産業社会学は、広義には産業革命を契機とした社会変動とその課題を扱う「産業社会の学」として、また狭義には企業などで働く人間関係や行動様式、そしてそれをとりまく社会諸領域との関係を対象とする「産業の社会学」として生成してきた。5章では後者から機能集団としての職場･組織の人間関係とそれをめぐる問題、そして働くことの意味などを考える。

1 科学的管理法

1．科学的管理法の誕生――テーラーの問題意識

テクノロジー進歩による大量生産方式を合理的な組織運営を軸に実現させた契機となったのは、テーラー（Frederick Winslow Taylor）が考案した「科学的管理法」（1911年）（テーラー：1969）によってであり、科学的な裏づけで管理原則を探求しその体系化がなされてからといってよい。しかし、「費用と能率の論理」（logic of cost and efficiency）に支えられた職能別管理にとらわれすぎた「科学的管理法」は、重大な問題を抱えていた。ともあれ「科学的管理法」について概略しておこう。

テーラー以前の管理は、「成り行き管理」（drifting management）に代表される。それは場当たり的で経験や勘に依存し、したがって計画性・合理性に乏しく非科学的で原価計算もままならないものであった。また当時は、労働者の生活は窮乏し、苛酷な労働を強いられていた。テーラーにとっては、「成行き管理」の弊害を打破し、いかに能率を上げるかが最大の

研究課題であったとしても、それを最終の目的としたわけではなかった。労働者が高賃金を獲得することによって生活水準の向上を図り、疲労をなくして健康に働くことも願った。

2．テーラーの方式

コストの削減による利益の最大化を追求する一方で、コスト増につながる高賃金を支給するというのは、どういうことなのだろうか。この矛盾の解決こそ、テーラーの真骨頂ともいうべき方式にほかならない。テーラーは、能率的な管理制度の基礎をなすものは「高い賃金」と「低い労務費」の両立だという。

①そのためには一流の熟練工しかできない高い目標の達成（高能率）を、全ての労働者ができるようにすることが必要と考え、これにかなう合理的な作業技法「時間・動作研究」を考案した。彼はストップウォッチをもって労働者の作業動作や休憩時間を測定し、そのデータにもとづいて不必要な作業を省き、最も早く作業ができる標準動作を決めた。次にその動作を各生産工程に分解して工程ごとの所要時間を測り、作業全体における能率的な所要時間を定めた。徹底的にムリ、ムダ、ムラを省き、労働者の身体的負荷を著しく軽減するとともに生産能率を高めることができるとした。そして最も効率的な標準作業動作を全ての作業者が行なうよう仕向けた。「時間・動作研究」の成果はやがて、人間工学（IE）や品質管理（QC）に発展することになる。

②その標準作業量を達成するに当っては、計画・指揮する者と実際に作業する者とに分け、ライン・アンド・スタッフ型組織をつくりあげた。最も合理的・効率的な作業の動作・工程・手順・設備・機械工具などを専門的な立場から企画・

設計して標準作業方法を策定し、これに労働者を従わせたのである。

③「差別出来高賃金制度」もまたテーラーシステムの重要な柱である。これは出来高賃金を支払う場合、標準作業量を達成した者と、できなかった者との間に単価で大きな差をつけた。最高の能率をあげた標準作業目標を実現すれば高い賃金が得られるという、労働者の金銭的動機を刺激したのである。但し、この「差別出来高賃金制度」にあっては、あらかじめ賃金率を低く設定されていた。労働者が標準作業動作によって高い労働密度で数倍働く結果、一日あたりの賃金が増え、その成果は低原価に結びつくというものであった。

3．テーラーシステムの致命的欠陥

①「時間･動作研究」は大量生産方式に合致した方式となったが、徹底した合理性の追求は人間（労働者）を規格化・標準化した作業方法にはめ込んでしまった。人間の労働力と機械力を同一の観点からとらえ、機械の体系（マン・マシーン・システム）に再編成したのである。ラインとスタッフの分離と相まって、労働者は与えられた標準作業目標を達成するだけになり、創意工夫も自発性もないままに規格化・部分品化された。単調な労働は「細分化された塵のような労働」（フリードマン：1973）として、「労働行為からの疎外」（マルクス：1964）を現出せずにはおかない。こうした事態は労働意欲の顕著な減退を招き、ひいては能率低下をもたらすことになった。

②テーラーにあっては、労働者の最大の価値は賃金獲得欲だけであり、かつ普遍的な欲求であると考えた。それは「経済人」（homo economics）としての人間観を描くことになり、

心情や信念をもった、そして社会的存在であることを見逃してしまった。こうして「科学的管理法」は、労働者の人格的主体性を尊重する人間的な管理ではないとして批判を浴びたのである。

2 人間関係論

1．経営組織の構造

企業（経営）組織の構造は、(a)設備・工具、原材料、作業方式・生産工程が効率的・合理的な生産の実現という目標に向けて組み立てられ秩序だてられた「技術的組織」、(b)その技術的組織を共通の企業目的に向かって協働する人間相互の関係としての「社会組織」に分類される。

「社会組織」には、職務・職位の体系としてのフォーマルな組織（formal organization）と、自然発生的に形成されたインフォーマル組織（informal organization）が存在する。官僚制を典型とする前者については後述するが、組織の制度や方針にもとづいて成員間の関係が規定され、規則などが明文化され、上位から課せられた目標を目的合理的に達成しようとする組織である。したがってそれは「費用と能率の論理」が貫かれている。後者は人々（成員）の間に実際存在し、内面的（internal）ないし私的に結ばれた組織であり、そこには「感情の論理」（logic of sentiments）が支配している（レスリスバーガー：1954）。経営体の構造が社会組織として、感情を抱き、さまざまな社会関係をとりむすぶ人間の顔をもつことを見逃せない。そう認識するのは今日では周知の事実であるが、インフォーマル組織の発見は実のところ20世紀前半の有名な「ホーソン工場の実験」による「人間関係論」(human relations)の成果を待たなければならなかった。これは産業社会学の成立のみならず、集団論をはじめとする社会学の発展、そして経営学に新たな地平を切り拓くものとなった。

1924年に始まったシカゴにあるウエスタン・エレクトリック社のホーソン工場の実験は、メイヨー(Patricia Elton Mayo)の指導の下(メイヨー:1967)、レスリスバーガー(Fritz Jules Roethlisberger)ら多数の研究者が参加して行なわれた。七つほどの実験からなるこの調査研究の成果は、人間観(「経済人モデル」)の転換を迫り、経営組織における「感情の論理」とその相互作用を重視する「人間関係論」を成立させることとなった。その成果を概括しておこう。

2. 生産能率とモラール

照明実験、継電器組立て実験を通じ、生産能率(勤労意欲)向上にとって、物理的作業環境の改善や労働条件の改善は必要・不可欠な基盤・前提条件であるが、一要因にすぎない。むしろ社会的・心理的要因が大きいことがわかった。生産意欲を高める要因には、(a)親密な人間関係の形成、(b)それを通じた(醸造した)協調性、(c)仕事に対する誇り、(d)自己の主張および価値を認められたとする喜び、(e)責任感、(f)集団目的の共有があげられた。これらから労働者の集団・組織への自発的な生産意欲、すなわちモラール(morale)がクローズアップされるようになった。

モラールを一言でいえば、集団・組織に対する帰属意識にもとづく勤労意欲となるが、集団的概念としてとらえると士気つまり団結力・集団精神であり、個人的概念としては勤労意欲といえよう。仕事に対する愛着や満足度を高め、自発的に仕事の意義を自覚させるためには、集団およびそのメンバーに対する誇りや帰属意識を持たせ、「我々感情」や一体感を育むことが必要となる。したがって勤労意欲は、そうした集団の凝集力を高めることによって高められるとされる。

3．あるがままの人間関係

モラールが生産性に影響を与えるのであれば、それを規定する現実の人間関係はどのようなものなのだろう。生産能率と人間関係との相関はあるのだろうか。これらを明らかにしたのが面接調査であり、配電器巻線作業観察であった。

①対象者が約21,000人にものぼった面接調査では、会社の監督の仕方や会社の方針に関する適用の仕方、作業条件および処遇などに対する労働者の不満や意見を調べようとした。この調査の整理を通じて、労働者は自身の立場や境遇について感想を述べることに関心を抱いており、同時に職場の状況と彼らの行動が態度、感情、信念と密接な関係を有することがわかった。そして、それらの感情や態度はストレートに表現されるよりも、一種のカモフラージュを加えたもっともらしい理屈をつけて表現される場合が多い。例えば、上司や賃金に対して不満をもっている場合、“洗面所が不潔だ”とか、“この作業場は空気が悪い”などというように、人間は本当の感情を直接的でなく間接的に、あるいは客観化していう場合がある（レスリスバーガー：1954）。

②また男性工員14人の配電器巻線作業における参加観察からは、インフォーマル集団の発見が、そしてフォーマルなルール・制度・目標・規律とは別に、彼らの間で取り決めたイン

フォーマルなルールないし暗黙の申し合わせの存在が浮彫りになった。

すなわち、会社が決めた経済的刺激による集団奨励賃金制度や標準作業目標とは異なって、個人差が出ないよう生産量の調整や虚偽の報告がなされていた。仲間たちの間（インフォーマルな集団）でつくった統制的ともいえる規範の例をあげると、(a)多くの作業ができるとわかれば経営者は賃金率を下げるだろうから、あまり働きすぎてはいけない、(b)だからといって仕事もしないで多くの賃金をもらうのはけしからんから、あまり怠けてはいけない、(c)会社や監督に告げ口をして仲間を傷つけたりしてはいけない、(d)仲間に分け隔てをしたり、経営的な態度でお節介してもいけないなどであった。

インフォーマル・グループは、（公式）組織内部で成員たちの(ア)対面的（face to face）・持続的な相互作用を通じて、(イ)自然発生的に発生し、(ウ)心情や気持ちをパーソナル・コミュニケーションで通わせ「感情の論理」に支配される、(エ)小集団（small group）である。いわば、職場や学校での仲間集団、仲良しグループなど、人間相互の接触のあるところにはいつでも発生し、日常的なつき合いのまとまりになっている小集団といえる。なお、インフォーマル・グループのなかでも特に親密なグループをクリーク（clique）という。

また、インフォーマル・グループの規範と特性は次のようである。(a)インフォーマル・グループには、メンバーたちの間で暗黙につくられた慣習、義務、規範、日常的な行為にもとづく共通の感情および行動基準が成立している。(b)インフォーマルな規範・行動基準はメンバーへの統制力（sympathetic control）を宿し、この非公式な規制に服さない場合には、社会的・心理的制裁（sanction）が加えられ孤立化される。これを配電器巻線作業参加観察の例でいえば、インフォーマルな行動基準に関し、会社の方針に反する行為があれば監督者はこれを責め、会社に報告しなければならないのに、これを実行してない。その理由は、もし会社側の立場のみで事を進めれば部下の気持ちをつかむことができず、仕事の遂行が難しくなるといった事情があった。(c)こうした社会関係で結ばれた集団の規制は、仲間集団や集団内の社会的地位に変化を生じる恐れを避けたがる。それゆえインフォーマルな組織には自己防衛的・保守的傾向がみられる、などである。

こうして、ホーソン実験は、従業員をいわば抽象化された「労働力」として扱うのではなく、一定の人間関係のなかで存在し、感じ、意欲し、行動している存在なのであり、日常の小集団・仲間集団（職場集団）の特質と切り離しては、彼ら（個人）の態度、感情、行動を理解しえない（尾高：1967）ことを痛感させた。

4．人間関係論の二面性

●人間関係管理への応用

人間関係論はレヴィン（Kurt Lewin）をはじめとする「グループ・ダイナミックス（Group Dynamics）、モレノ（Jacob Levy Moreno）のソシオメトリーなどに発展した。

一方、集団・組織の運営にとっては、“あるがままの人間関係”の事実にどう対応すべきか、どのように監督者（リーダー）の訓練を改善すべきかに向けられることになる。その活用をとらえておこう。

(a)不満や意見をカモフラージュして表現するとすれば、口に出して言ったことを額面どおりそのままに受けとって対策を立てても、その効果は薄い。(b)対面的な関係でのコミュニケーションは、個人のあるがままの態度やその背後事情を把握する方法であるとともに、人々の不満にはけ口を与え、その態度や気分を転換させる効果がある。面接それ自体が精神療法的な機能をもつようになる。(c)face to faceの関係を重ねることによる感情融和（rapport）は、敵対的感情の緩和にとどまらず、好意的にさえなることがある。

(d)組織（経営体ないし職場）のフォーマルな側面と個人（従業員）との間をとりもつ心理的契約の機能を有すインフォーマル・グループが、なにを志向しているのか、インフォーマル・グループの暗黙の申し合わせ・規範はどのようなものかを把握する必要がある。(e)イフォーマル・グループの規範や統制力を無視すれば、組織の社会的緊張を招く。またインフォーマル・グループにはインフォーマル・リーダーが存在しており、その役割も見逃せない。とすればインフォーマル・リーダーをマークし、むしろ彼の考えなどをとり入れ活用することが組織運営の円滑化につながる。

「経済人モデル」から「社会人モデル」への転換の必要性を認識させた人間関係論は、経営者（リーダー）に対して、従業員の「感情の論理」を適切に取り扱うことを知らしめたが、その方法は「社会的技能」（social skill）と呼ばれる。「社会的技能」を駆使する方策は、(ア)組織内の上下双方の円滑なコミュニケーションの促進、(イ)従業員（個々人）への職場集団への適応援助、(ウ)フォーマルな組織とインフォーマルな組織との社会的均衡を維持・実現する担い手としてのリーダー（職場監督者）の人間関係調整力の三つに大別される。

その具体例には、かつて盛んに行なわれていたTWI（監督者訓練）やMTP（監督者教育）をはじめ、社内報、提案制度による参加、自己申告制、懇談会等のコミュニケーション制度、各種の表彰、スポーツ・レクリエーション、社員旅行、カウンセリング室での精神治療や適応援助、監督者訓練をはじめとする従業員階層別（集合）研修、そして私生活を含め日常的に上司が部下の面倒をみる（グチをきく）などがある。

●人間性回復の場

「社会的技能」を有効に活用してモラールアップや生産性の向上に結びつけようとする人間関係管理は、“経営にとって望ましい人間関係づくり”をさすものとなる。そのような人間関係論は、尾高邦雄がいうように“あるがままの人間関係”と区別しておかなければなるまい（尾高：1967）。

そうであるとしても、パーソナル・コミュニケーションを通じてインフォーマル・グループの特質や動向を掌握することは、いかなる組織においても必要とされよう。

それ以上に人間関係論は、高度に分業が発達した産業文明ならびに組織社会において部分品化・規格化・マニュアル化され、高まる代替性や組織の歯車といった無味乾燥な労働のなかで、また画一的・没個性的で孤独感・焦燥感・無力感漂う大衆社会化状況や都市化（urbanization）において、失われた人間的な情緒や絆をとりもどす「場」の形成として重視された。直接的・全人格的接触を可能とする親密な小集団とその活動は、「潜在的緊張処理の機能」をもち、プライマリー・グループ（第１次集団）の再生に寄与してきたのであり、人間関係論の意義もそこに見出せる。

5．人間関係論への批判

人間関係論の意義はしかし、両刃の剣といった性格を併せもつがゆえに、次のような批判がくりひろげられた。

①組織におけるインフォーマル・グループの発見や「感情の論理」は事実であるが、経営体（組織）・職場には公式組織としての管理方式、職務体系、生産方式、戦略的意思決定などが合理的に組み合わされているのであり、インフォーマルな人間関係からのみ生ずるのではない。

②人間行動の合理的側面からすれば人間関係における社会心理的満足が、経済的価値（金銭的インセンティブ）や社会的地位への関心を凌ぐとするのは訂正する必要がある。人間は「経済人」としての性格だけではないとしても、その側面を無視することはできないし、働き、生活する基盤において経済的欲求は大きな動機づけとなるはずである。

③「我々感情」の醸造や組織への帰属意識にまつわる「社会人モデル」の重視はしかし、必ずしも働きがいや個性（能力）を生かしたキャリア形成、モチベーションとは結びつかない。また、モラールが高いからといって生産能率も高くなるとは限らない。それは先にとらえてきたように、インフォーマル・グループの結束が彼ら独自の規範あるいは統制力が働いていた点からも裏づけられる。

④労務管理の一環として要請されるリーダーの「社会的技能」の駆使は、“会社（経営）にとって都合のよい（望ましい）人間関係管理”を演じることになりかねない。見せかけの人間関係としてそれは、人間関係懐柔策に陥ってしまう。

⑤労使の本質的な利害関係に目をそむけ、「労使仲良し論」を演出・プロモートする面を否定しえない。労使関係のダイナミズム、すなわち対立と協調といった労使関係の二面性、そして「産業民主主義」の意義を看過すべきではない。

⑥労使関係の一方の当事者である労働組合の存在を無視し

ている。

⑦労使の良好・円滑な人間関係の形成をめざし、それを最大の価値とした。葛藤・摩擦・競争・不一致・対立・紛争といった社会的緊張は、“社会病理”であり、調和のとれた社会的均衡の維持が“社会的善”であるという。こうした、人間関係の改善・融和こそが健全な道であるとする価値前提は、あまりに経営者サイドに立脚しすぎている。

⑧むしろ社会的緊張・紛争のなかからこそ成長あるいは進化が派生するのではないか。かかる動態を捨象するのは構造的変動の視角をもたないことを意味する。職場集団は複合的な人間関係を集約する小社会であるが、これをとりまく外部の組織ならびに社会構造とのかかわりを無視するわけにはいかない。

以上の批判は、いわゆる構造論的アプローチと呼ばれる社会変動を織り込んだ研究を登場させた。ウォーナー（William Lloyd Warner）の「ヤンキー・シティー調査」では、産業（資本）と地域社会、そこにおける労使の対立をとらえた（ウォーナー：1941-1947）。また、グールドナー（Alvin Ward Gouldner）は「石膏工場」の調査から、官僚的な組織から顕在化した山猫ストライキにみる労使の構造的緊張を浮き彫りにした（グールドナー：1968）。これらとは別に前掲①～③をもとに行動科学が成立し、またバーナード（Chester Irving Barnard）、サイモン（Herbert Alexander Simon）らによって経営組織論が展開された。

3 行動科学の諸理論

行動科学は、人間関係論の成果を踏まえつつもそれへの反省を折り込むことからスタートした。労働者の経済的インセンティブや仕事を通じた能力開発などの欲求充足と、企業(組織目標との統合を図ることに着目したのであり、それはモチベーション理論とリーダーシップ論に結実された。

代表的な行動科学の理論には、(a)人間は欲求を充足するために努力する(動機付けられる)が、低次の欲求が充足すると、より高い欲求が重要性を増し、これを満たそうとするとして「欲求5段階説」を唱えたマズロー(Abraham Harold Maslow)。(b)XY理論という仮説をたてて、経営者に人間(労働者)観の転換をうながしたマグレガー(D. McGreger)。(c)ハーズバーグ(Frederick Herzberg)の「動機付け・衛生理論」。(d)リッカート(Rensis Likert)の組織・リーダーシップ論。(e)個人のキャリア開発による未成熟組織の克服と、分権的組織への変革による組織目標と個人目標との統合を提示したアージリス(C. Argyris)。(f)マクリーランド(D. C. Mccleland)の「達成動機論」。三隅二不二の「PM式リーダーシップ論」がある。上記のなかからここでは、ハーズバーグとリッカートのそれをとりあげてみよう。

1. ハーズバーグの動機付け・衛生理論と職務充実

ハーズバーグは、技術者および会計士203人を対象とした面接調査をもとに、職務満足と職務不満につながる要因を分類した。職務不満の要因群には、会社の政策や経営方針、監督者の監督のやり方、対人関係、作業条件、労働条件、給与があり、これを動機付けの「衛生理論」と名づけた。それに対し職務満足の要因群としては、仕事の達成、他者からの承認、仕事の性質および魅力、責任、昇進があげられ、動機付けの「促進要因」と考えた。

この理論は、衛生の欠如は病気を招くが、衛生的条件がいかに整っていても、それ事態は健康をもたらさないという類推にもとづく。作業条件、労働条件、人間関係など（衛生要因）の改善はヤル気を失わしめない、つまり病気にならないための予防的措置にすぎない。仕事の魅力、承認などの「促進要因」が伴わなければ真のモチベーションにはならないという。そこでハーズバーグは個人の成長を促し、職務満足を得られない仕事をなくすために、「職務充実」（job enrichment）の必要性を説いた（ハーズバーグ：1968）。

2．リッカートの組織・リーダーシップ論

リッカートによれば、生産能率の低い監督者は職務中心的で、時間標準を重視し、規定通りの作業サイクルで部下たちを忙しく働かそうとするタイプが多い。それに対して、生産性の高い監督者は、部下たちが抱える諸問題に気を配って効果的な作業集団となるよう努力し、「従業員中心的」と呼ばれるスタイルが多い。このリーダーは、自分の部下たちの仕事が効果的に行えるようサポートすることが肝要と考え、細々とした指図や監督はせずに一般的な指示だけを行ない、作業方法よりも目標に関心を払っている。さらに部下がミスを犯してもとがめだてせず、むしろ教育の一環として部下を活用する「支持的関係の管理行動」を提唱した。また、作業手順の変更・標準設定の立案決定にグループの全員を参画さ

せたことが、生産性を高める結果をもたらした。

いくつかの調査研究から、参画や支持的管理を行なうリーダーは、下位集団の管理者であると同時に、上位集団の一構成員になることで、「連結ピン」として上下のコミュニケーションの推進役を期待されるという。その上でリーダーのスタイルには、「独善的専制型」「温情的専制型」「相談型」「集団参画型」といった四つの経営システムが提示され、これらの変数の度合いを勘案したプロフィールとして組織の特徴が測定されるとした。(リッカート：1968)

こうして行動科学は、従業員参加型管理方式、従業員中心型リーダーシップなど、職務の計画的な変革と職務遂行上の再編をめざす広範な職務再設計 (job redesign) の施策をうながした。しかしながら、リーダーシップ論にせよ、組織設計にせよ、仕事への動機付けにせよ、高い生産性を可能にする経営管理の一環としてこれを洗練させるものとなった。

4 官僚制

1. 官僚制の理念型

現代社会は組織の時代でもある。それは社会生活の多くが経営体によって担われているばかりではなく、ボールディング (Kenneth Ewart Boulding) のいう「組織革命」(ボールディング：1972) として、人間行動それ自体が組織の原理に左右され、従来の社会のあり方を根底から変える特徴をもった組織社会の出現を意味する。組織の編成原理は官僚制を典型とするが、組織は、集団成員の相互作用における地位と役割の分化・明確化・制度化による集団の構造化を意味し、特定の目標を達成するための手段の体系化と成員の拘束性、諸個人および専門分化した諸集団の活動を動員し調整するシステムと定義しておこう。

組織が大規模化・複雑化すると、それに対応するために合理的・効率的な管理・運営が不可欠になる。合理的に整序された管理機構をもつ組織は官僚制（bureaucracy）と呼ばれる。官僚制の語源は「文書机（ビューロ）の支配（クラシー）」であり、組織運営には文書や帳簿が重視されるといったところにも由来する。また本来、巨大となった政府国家において複雑・多岐にわたる事務を迅速かつ正確に処理したいという行政上の必要から発達した仕組みである。とはいえ官僚制は官公庁だけではない。私企業、学校、病院、労働組合、宗教団体など集団・組織を経営体としてみれば、組織目的の違いに応じてその質と程度の差こそあれ、共通に官僚制が現れている。

マックス・ヴェーバー（Max Weber）は『支配の諸類型』において、近代資本主義社会の本質を合理性の貫徹ととらえた（ヴェーバー：1970）。「伝統的支配」から「カリスマ的支配」へ、そして近代の「依法性支配」へと変動する社会の組織原理として官僚制を提示したのである。その官僚制の理念型（idealtypus）は次のようである。

㋐合理的に制定された規則の体系、㋑明確に定められた権限の原則と地位のヒエラルヒー、㋒専門分化、㋓業績および能力主義、㋔非人格的規律（impersonal discipline）、㋕文書主義のコミュニケーション、㋖公私の厳格な区別である。これらがからみあって組織の編成原理を構造化し、いわゆる官僚制化した現象をもたらすのである。

2．官僚制の順機能と逆機能

①合理的な規則の体系は、組織成員が各自の主観をもとにバラバラに、また場当たり的に行なっていた業務や意思決定を、規則という客観的・合理的基準によって統一的に遂行することができる。

しかしそれは全て規則を中心に行なわれることから、個人ならびに組織自体が法や規則に拘束され、弾力的・機動的な運用を妨げてしまう。規則の拘束は、社会的公正を厳格に適用しなければならなくなったり、法律や規則から逃れようとするものに対し、これを防止するための規則を細目にわたってつくることで一層人間をがんじがらめに縛ってしまう。加えて運用の裁量が規則を逸脱するとなにがしかの制裁がなされるが、そうなると、規則を遵守するあまり“規則のための規則”を派生する。

②地位と権限のヒエラルヒーは、指揮・命令系統の一元化によるすみやかな業務遂行と責任の所在の明確化、権限の乱用防止という利点を有する。

だがこれは、政策決定の上で少数のエキスパートによる支配を招き、ミヘルスのいう「寡頭制支配」を不可避的にする。他方、組織の末端にいけばいくほど、どんな仕事に携り、いかなる役割を担っているかわからなくなる。まさに人間が歯車化された部品のようになってしまう。

③組織が大規模化すると、一人がオールマイティーに組織全体を掌握できなくなる。むしろ特定の分野における専門的知識・技術を有する者がこれに専念することで組織効率を高めることができる。近代的経営組織にみられるラインとスタッフの分離はその典型である。

こうした専門分化の進展はしかし、専門閉塞に陥りがちとなり、ヴェブレン（Thorstein Bunde Veblen）のいう「訓練された無能力」を露呈する契機にもなる。

④地位・権限のヒエラルヒーと専門分化がからみあうと、セクショナリズムや無責任をもたらしてしまう。

⑤インパーソナルな規律は、個人のパーソナリズム（人格）とその価値、規範、態度を考慮しないので、個人は組織において期待された役割や職務をひたすら忠実に果たすことが要請される。そこでは凍りついた冷徹な人間性をつくりだすことになる。同時に目的のない合意の下では、規律は“服従のための服従”を生み出す。

⑥上記の合理的な規則の体系つまり依法性とインパーソナルな規律、さらには能力主義が重なると、規律の枠から外れる身勝手な専制や独善、特権は排除される。合理的・客観的組織運営を具現する「組織の非人格化」が一般化し、組織運営の基盤となり、形式民主制を促進する。

けれども、これによって逆に統制が強化され、依法性や公共性という大義名文を煙幕にして、個人は組織的に自由を奪われ抑圧されてしまう。そこではもはや正当性を保ちえなくなった形式民主主義にただ従い、動員されてゆくばかりとなる。

⑦文書主義のコミュニケーションに関しては、口頭の伝達だけでは曖昧な表現で誤解を招く恐れを多分に生じ、それによるエラーやトラブルが避けがたい。そこでこれを防ぐとともに、責任の所在を明確に示すために文書による記録が行なわれるという点を指摘しておこう。ところが、全て文書によってコミュニケーションがなされると、いわゆる繁文縟礼が蔓延するものとなり、かえって能率を低下させかねない。

⑧公私の厳格な区別は、個人の利害、主観、心情を交える

ことによる弊害を未然に防ぐ利点がある。とはいえ融通のきかない人間をつくりだす場合がある。

⑨こうして、本来客観的な公正基準、民主的な手続きをもとに能率を上げるためにつくられた組織の合理的・技術的長所は、硬直化した形式主義・儀式主義を派生させ、「目標と手段の転倒」(displacement of goal) を現象させる。そこではフレキシビリティーを失い、非能率を招いてしまう。まさにヴェーバーのいう「実質合理性と形式合理性のアンチノミー(二律背反)」を帰結するのである (ブラウ：1958)。

⑩さらにそのような官僚制の逆機能現象、あるいは機械のような合理性の追求は、人間が組織の歯車と化し、画一的なステレオタイプをつくりあげ、個性豊かな自由と主体性を喪失し、ついには人間性をも損ねて疎外を深める。

●官僚制の克服をめざして

以上のような官僚制の逆機能現象は枚挙に暇がなく、今日も繰り返し起こっている。官僚制の克服をめざしてといってもそれは難しいといわざるをえないが、手がかりとしてまず、悪循環としての官僚制の矛盾について、その体質を探る必要がある。先記した合理的規則、非人格的規律、地位と権限のヒエラルヒーなどと相まって、変化に対応できないどころか、自らの地位や既得益権に固執し、組織の存続それ自体が目的化して自己保身を図る姿態は、本来機能的につくられた組織が共同体化することで組織の頽廃をもたらしかねない。また、組織および成員に託されているさまざまな要求の充足と、実質民主主義をいかに確立すべきかを探求しなければならない。そのためには情報公開を前提に、意思決定への参画、チェック・アンド・バランスの介在が求められる。それ以上に最も問われるのは職業倫理である。知識社会と呼ばれる高度に発達した現代社会は、専門的職能への依存を高めているが、ヴェーバーが診断したごとく「魂なき専門人」(ヴェーバー：1989) が蔓延するところにこそ、危機をはらんでいることを強く認識しなければならない。

5 働くことの意味

1. 会社中心主義の動揺

『オーガニゼーション・マン』を著したホワイト (William Hollingsworth Whyte) は、ホワイトカラーでもブルーカラーでもなく宗教的信者のごとく全人格的に組織にコミットし、集団への同一化や帰属意識 (group identification) への強い願望を抱く「組織のなかの人間」を描き出した (ホワイト：1959)。ホワイトが浮かびあがらせたそれは企業組織に限らないが、組織への隷従を嘆いたものであった。

これを想起するかのような状況が、「会社人間」と呼ばれるようになった現代サラリーマンにみることができる。間宏は、「会社人間」を「経済大国を築きあげた企業戦士の跡を受け継いで安定成長の達成を通じて、日本を世界一の債権国に作り上げるのに、ペースメーカーとして働いた勤労者」と位置付けた (間：1996)。その「会社人間」はキャリアや技能が特定の企業に内部化され (取り込まれ)、所属する組織の論理に過剰に同調し、生活意識において会社の仕事、人間関係、昇進とそれに伴う収入に関心をもつ人間像と形容できる。

なるほど企業内で施される技能やキャリア形成が、ひいては個人の人間的成長と経済的豊かさを具現するという、いわば企業（組織）と個人が一枚岩であった時代には会社組織の規範が内面化され、社会的使命感をも抱いて仕事に励むことができた。また職位は、職務に規定された組織秩序への貢献の指標であり、社会的威信尺度の反映であり、それによってモラールも高揚しえた。仕事の満足感や達成感は、会社組織への一体感を宿すなかで感得できたのである。

しかし、今日、リストラクチャリングにからむ雇用不安、自己責任が強調される業績主義、長時間労働による家庭・職場・コミュニティとの著しいアンバランス、組織の論理への迎合とそれによる主体性の欠如など、個人生活を犠牲にする「会社中心主義」の弊害が顕在化するにいたった。会社組織の規範に比重をおく「会社人間」のあり方を、根底から揺さぶり始めたのである。これは、組織への帰属意識に軸足をおいて働き甲斐を追い求める「組織人モデル」の限界を示すものであり、職業人としてのあり方を問う契機になっている。

2．職業の意義

サービス経済化やIT（information technology）の急速な進展、そして世界的な価格競争を背景とした成果・業績主義の台頭が密接にからんで、雇用形態の多様化、勤務形態の弾力化、労働の流動化といった雇用構造のフレキシブル化が加速している。非正規社員が雇用労働者の３分の１、1,450万人（総務庁統計局「2004年労働力調査年報」）にのぼり、そのなかには不安定就業を余儀なくされる人も目立つ。また若者の離転職・失業にからむ、フリーター問題が深刻の度を増している。

200万人以上とされるフリーターは、「夢追い型」「やむを得ず型」「なんとなく型」に分類できるそうだが（小杉：2002)、増加の要因には、(a)不況による新規学卒の採用抑制、(b)簡便な職業情報の入手と相まった“青い鳥シンドローム”を招く職業選択の自由と職業観の変化、(c)パラサイト・シングルの存在、(d)中高年への雇用保障等の既得益権（玄田：2001）による就職難などがあげられる。かかる事態に、希望する職業に就く機会が減少している構造を直視し、職業能力やキャリア形成への対応が緊要な課題となっている。同時に、モラトリアム（moratorium　執行猶予）世代と形容されて久しい若者自身が、ネットワークにおける社会とのつながりと職業を通じた社会的役割の意義を見直す必要がある。

３Ｋ職場などといわれるように、汗水流して働く労働が忌み嫌われている。そこで職業の意義を問い直す前に、労働について触れておこう。両者には重なるところが少なくないが、労働は(a)自然に働きかけて有用なものを生産する、(b)非遊戯的であり、肉体労働に代表されるように苦痛を伴う、(c)賃労働としての性格、すなわち生産手段をもちえない労働者は自らの労働力を商品として売らなければ生活できないのであり、ここに階級・階層分化を生じさせる、といった三つの側面からとらえられる。

それに対して職業は、尾高邦雄にしたがっていえば(a)衣食の糧を得るための「生計の維持」、(b)「天職」の自覚にもとづく「個性の発揮」、(c)社会的に期待される職分を遂行する「役割の実現」の三要素による継続的な人間の活動と定義される。生活基盤としての経済的営みは依然として重くのしかかっているが、生活の糧を得ることを確かなものにするには、仕事を自分のものとして能力を高め、仕事のやりがいをつかむ「個性（能力）の発揮」によって人間的成長を図ることを不可欠とする（尾高：1970）。同時に分業が発達した社会では、継続的に仕事に就きながら社会的役割を分担し、職業人として生きることが大切になる。

ここで職業は、天職や職分を意味する「職」と生計の合成語とされ、前者はカルビンの「職業召命説」における神からの「お召し（calling）」に由来する。西欧などで近代以前に労働は、巨獣が行うものであり、まして労働によって利潤を得るのは卑しい存在であるとされた。この考えを逆転させたのがヴェーバーである。神から授けられた職分に対して一生懸命働き質素倹約に努めることこそが神のご意志に添うものとして、勤勉、努力、節制、勇気といった勤労の精神が尊重された。また、その結果得られた利益は神からのご褒美として利潤を正当化したのである。

上述の事情を背景にBeruf、vocation、professionと表現される職業は、天職の意味合いから派生した。また、今日ではそれらの言葉よりoccupationが一般的に用いられている。occupationは、社会的分業における組織上の地位と役割を示す職業と解される。職業は社会的地位を規定する指標のひとつとされるが、専門的職業（profession）のように、自らの専門性にもとづいて社会的役割や職責を遂行し、それによって職業アイデンティティの確立につなげることができる。

社会的役割という視点で職業をとらえると、職業的自律は他律性と不可分の関係、すなわち職業が「自己本位」ではなく「他人本位」によって成り立っていることを認識しておきたい。その含意を夏目漱石の「道楽と職業」（夏目：2001）にみることができる。道楽は自分のためにするのに対し、職業は他人のために行うものであるという。財やサービスを生産・販売した利益で自らの生活を営めるのは、顧客のためにしているからである。顧客のためにしたことが同時に自分自身のためになるというのは、職業によって自己の存在意義を確認するとともに、社会的使命観、職業倫理を育むことを意味する。まさに職業は社会と個人を結ぶ結節点となるのである。

【引用・参考文献】

- テーラー, F.『科学的管理法』上野陽一訳, 産業能率短期大学出版部, 1969（原著, 1911）.
- フリードマン, J.『細分化された労働』小関藤一郎訳, 川島書店, 1973（原著, 1956）.
- マルクス, K.『経済学・哲学草稿』城塚登・田中吉六共訳, 岩波文庫, 1964（原著, 1844）.
- レスリスバーガー, F. J.『経営と勤労意欲』野田一夫・川村欣也共訳, ダイヤモンド社, 1954（原著, 1941）.
- 尾高邦雄『産業社会学』ダイヤモンド社, 1967.
- メイヨー, E.『産業文明における人間問題』村本栄一訳, 日本能率協会, 1967（原著, 1933）.
- 鈴木春男「人間関係」福武直監修・松島静雄編『産業社会学』社会学講座6, 東京大学出版会, 1973.
- 羽田新「職場」秋元律郎・石川晃弘・羽田新・袖井孝子著『社会学入門』有斐閣新書, 1978.
- ウォーナー, W.L.「ヤンキー・シティー調査」（“Yankee City Series”, 6 Vols. I -Ⅳ, 1941-47）.
- グールドナー, A. W.『産業における官僚制』岡本康雄・塩原勉共訳, ダイヤモンド社, 1968（原著, 1955）.
- ハーズバーグ, F.『仕事と人間性』北野利信訳, 東洋経済新報社, 1968（原著, 1966）.
- リッカート, R.『経営の行動科学』三隅二不二訳, ダイヤモンド社, 1964（原著, 1961）.
- リッカート, R.『組織の行動科学』三隅二不二訳, ダイヤモンド社, 1968（原著, 1967）.
- ボールディング, K. E.『組織革命』岡本康雄訳, 日本経済新聞社, 1972（原著, 1953）.
- ウェーバー, M.『支配の諸類型』世良晃志郎訳, 創文社, 1970（原著, 1921-1922）.

- マートン, R.『社会理論と社会構造』森東吾他訳, みすず書房, 1962（原著, 1949).
- ブラウ, P. M.『現代社会の官僚制』阿利莫二訳, 岩波書店, 1958（原著, 1956).
- ヴェバー『プロテスタンティズムの倫理と資本主義の精神』大塚久雄訳, 岩波文庫, 1989（原著, 1904-05).
- ホワイト, W. H.『組織のなかの人間』上·下, 岡部慶三·藤本保·辻村明·佐田一彦共訳, 東京創元社, 1959（原著, 1956).
- 間宏『経済大国を作り上げた思想』文眞堂, 1996.
- 尾高邦雄『職業の倫理』中央公論社, 1970.
- 夏目漱石『私の個人主義ほか』中央公論新社, 2001.
- 小杉礼子編『自由の代償』日本労働研究機構, 2002.
- 玄田有史『仕事のなかの曖昧な不安』中央公論社, 2001.

第 6 章

情報化を生きる

山本一彦

1

情報という語は1960年代に盛んに用いられるようになっていたが、
その誕生は明治時代にまで遡ることができる。
もちろん、情報現象それ自体は言葉の登場以前から存在していた。
しかし、情報とは何か、
情報化とはどのような過程かが明確にされ始めたのは
20世紀半ばになってからである。

2

情報化社会論の系譜には、情報概念そのもののとらえ方や
社会観の違いからさまざまなアプローチの仕方が混在している。
情報化社会への代表的なアプローチとして、
文明論的な分析、情報経済論的な分析、
そしてネットワーク論的な分析が上げられる。

3

高度情報化に伴なって、メディアを仲立ちとした
われわれの情報行動には多くの変化が現われている。
そこには、社会的安定にとって負の機能となる問題も存在するが、
一方で人間関係の新しいあり方を生み出す契機を見出すこともでき、
この二面性をとらえることが必要である。

1 情報化の現在

1．情報という言葉

1960年代、日本ではすでに「情報」という言葉が盛んに使われるようになっていた。時代は高度経済成長の只中にあり、大規模化する産業活動の場面では、官公庁や先進的な大企業を中心に大型汎用コンピュータの導入が進み始めていた。近年、コンピュータ・ソフトウェア関連の情報サービス産業は、リーディング産業の一つに成長していくといわれているが、この分野が産業として誕生・自立したのも1960年代である。また、当時のメディア環境を象徴するようなテレビが急速に普及し、日本とアメリカの間の衛星中継が実現したのもこの時代であった。この衛星中継実験には、ちょうど同じ時に、J.F.ケネディ大統領が街頭で暗殺されるという事件が発生し、ダラス市の現場に映像が切り替えられるという衝撃的な出来事が伴なっていた。その数年後の1969年、月面で活動するアポロ11号の宇宙飛行士たちの映像を、われわれは家庭にいながら目にすることとなったのである。

日常生活の中で情報という無形の概念が頻繁に用いられるようになるには、このように、それが実際に見聞きできるものとして現われてくることが必要である。

では、これより以前の社会においてはどうだろうか。当然ながら、情報など存在しなかったという人はいないだろう。情報化社会などと呼ばれる時代が到来する以前から、どのような時代や社会であっても、後に情報という言葉で表わされるようになった現象は存在し、人びとにとって重要な機能を果たしていたはずである。
日本で初めて情報という語が登場したのは、今からもう130年ほども前の1876年のことだといわれている。当時の陸軍の将校がフランスの軍隊関連の書籍を翻訳し、人や物ごとについての知識の供給を意味するフランス語に情報という訳語を充てたらしい。その後、19世紀末の日清戦争に関する新聞記事でも使われ、20世紀に入ってからは、明治時代の著名な文豪森鷗外が戦争に関するドイツの古典的な論考を訳すなかで、消息や報告を表わす言葉に情報という語を対応させたことが知られている。
こうしてみると、情報という日本語は、登場した当初から軍事的な意味合いを強くもたされていたことがわかる。もちろん、それ以後は人びとのさまざまな活動領域で用いられることになってはいくのだが、しばらくは軍事に関連した使われ方が中心となり続け、この言葉から軍事的ニュアンスが薄らいでいくのは1960年代に入ってからのことだったのである。冒頭で示したように、1960年代は情報という語が日常的に用いられるようになった時期であり、また、「情報産業」という言葉が誕生し、「情報化社会論」が大々的に展開され始めた時代でもあった。
このように、情報という語の歴史は長い期間にわたって軍事的色彩を帯びたものだったが、今日のわれわれが日常会話の中でこの言葉を口にするとき、そこに込められる意味内容の大元がそこから出てきたことも事実である。
人びとが日常生活を送っているとき、確かに軍事や戦争との関わりで情報という言葉が用いられるのは稀なことだろう。普段は次のような使い方をしているのではないだろうか。たとえば、学生が就職活動に臨むとき、企業や業界について「いい情報を得た」などという。また、転居のために部屋探しをしている人は、「物件情報を集める」といったりする。このとき、情報という言葉には、自分が関わろうとしている対象の内容や事情の「知らせ」といった意味合いが込められていないだろうか。もともと軍事用語として情報という語が使われ始めたときも、それは、敵国やその軍事行動の情況についての「知らせ」という意味をもっていたのである。

多くの国語辞典には、物ごと・事がらの内容、事情、情況の「知らせ」といった意味づけが情報という語に与えられている。これは、かつての軍事関連の用語の核になる部分が一般化されたものといっていいだろう。日常語として用いるのには、これに問題があるというわけではない。また、学問的に情報概念をとらえようとするときも、この日常語的意味合いが軽んじられていいということもない。ただ、このような辞書的語義のみでは、たとえば情報化とはどのような過程をいうのか、現代の高度情報化社会はどういう特質をもっているのか、などといった問いに、的確に答えることはできないだろう。

やはり、情報をとらえるさまざまな視点への目配りと整理がなされなければならない。

2．情報とは何なのか

それでは、情報とはどのような現象のことをいうのだろうか。20世紀の前半までは、自然界に生じているさまざまな現象は、すべて物質とエネルギーで説明できるものと考えられていた。言葉としてはそれ以前から使われていたのにもかかわらず、物質やエネルギーとともに、情報が自然界の重要な構成要素であると認識されたのは、20世紀も半ばになってからのことなのである。

この言葉を最初に学問的な厳密さで用い出したのは工学の領域である。この学問分野の流れに沿ったものとして、「情報」(information) とは、「物質・エネルギーの時間的・空間的、定性的・定量的パターン」であるという定義が与えられ、これは情報の最も広義の概念として定着したとらえ方となっている。机という道具を例にとってみよう。これを、われわれが「tu-ku-e」と発音するとき、そこには音響エネルギーの一定のパターンが現われている。そして、物体そのものとしての「机」は、木材や金属などの物質の一定のパターンとして存在しているのである。このように、物質やエネルギーは、現実にはなんらかの配置・配列や構造・形態といった属性をもっているが、この属性こそが情報だというとらえ方である。

しかし、先ほどの日常語としての用い方の場合のように、情報とは、われわれの特定の目的にとって意味をもったものでもある。就職活動中の学生にとっての求人情報誌の内容は、自らの意思の決定に影響を及ぼすような一連のメッセージであって、その個人にとっては他のメッセージ一般とは異なった意味をもっている。このように、われわれの関心の対象となり、われわれにとって意味をもち、われわれの意思決定に関わるメッセージが情報であるというとき、これは、情報の最も狭義の概念だといわれるものである。

そして、これらの広義と狭義の中間の概念として、言語や非言語などから成り立っているメッセージ一般を情報だということができるが、このとき、情報は意味をもったシンボルの集まり、すなわち「有意味シンボル集合」として定義されていることになる。

以上のように、情報は一元的に定義づけすることがたいへん難しい性質をもつものである。日常生活においても多くの学問分野においても用いられ、他の重要語と比べても多義的で、たとえば遺伝現象、企業経営、メディア報道などさまざまな領域でそれぞれに限定的な意味を込めて使われている。一義的な意味づけがなされているとはいえないのが現状だろう。こうして、情報は、通常は先ほどのような何層かの重層的な概念として説明されることが多いのである。

ところで、われわれ人間は、物質やエネルギーのパターンを「パターンそのもの」として受容しているのだろうか。確かに、「tu-ku-e」という誰かの発声を聞けば、その音響エネルギーのパターンによって耳の奥の鼓膜は振動し、物質の一定のパターンとしての「机」という物体を目にすれば、眼球の奥の網膜にはある形が像として結ばれる。しかし、鼓膜の振動や網膜の上の形がわれわれにとっての情報だというわけではないだろう。われわれはそれらによって、勉学や事務仕事といった人間活動、その活動が営まれる社会的背景などといったさまざまな「意味」を呼び起こされているはずである。

こうしてみると、工学分野の流れにある情報概念を、そのまま人間の社会的行動の場に適用するのは難しいことが理解できる。人間行動の視点からみたとき、やはり情報は意味をもっていなければならず、人間にとって「無意味」な情報は存在しないといえるだろう。意味や価値といった、物理的法則に還元しきれないような領域を切りはなして情報をとらえることはできないのである。重層的な情報概念は、一義的な定義づけの困難な情報という現象をとらえるためには重要なものではあるが、社会学の視点から情報や情報化について学ぶとき、中間的概念と狭義の概念がもっていた意味の領域を忘れるべきではない。このことに着目して以下のように言いかえておこう。つまり、人間の観念や、ものごと、事がら、でき事の状態を、言葉や文字その他のシンボル、あるいは電圧の正負などといった特定の物理現象によって表現したデータの「意味」が情報なのである。

3．情報化の過程

学問の領域では、重要な言葉や考え方の多くが外国から取り入れられてきた。いわば輸入品に頼る状態が長く続いてきたのである。ところが、情報化という言葉は1960年代の日本で生み出され、日本での情報化論議が世界で最初の情報化社会論となったのである。

では、それ以前の時代や社会に情報化と呼ばれるような現象が無かったのかといえば、もちろんそうではない。人間の行動の視点からみれば、情報における意味の問題を無視することができないのはすでに確認したが、これを踏まえて情報化を定義すれば次のようになるだろう。すなわち、「情報化」(informatization)とは、人間の観念の世界や、もの事、事がら、でき事などを記号化して表現し、そこから「意味」をひき出すことによって、時間・空間を超えて、まるで実体を取りあつかうのと同じ効果を得ようとするさまざまな工夫のプロセスのことである。

このようにとらえてみれば、情報化の過程とは現代社会だけに固有にみられる現象というわけではないことがわかる。それは、人類のコミュニケーションの歴史に普遍的にみられるものといっていいだろう。たとえば、言語の発生、文字の発明、活版印刷によって始まった複製文化の広がり、電信や放送技術の登場による空間の超越、また、20世紀半ば以降のコンピュータ技術の高度化によってもたらされたコミュニケーション・ネットワークの拡大などは、それぞれ情報化の過程の飛躍的なでき事ということができるのである。

しかし、1960年代以降の情報化とか、現代社会は情報化社会であるなどというときの情報化という語には、もう少し異なった意味合いが含まれていることに気づかされる。

現代の情報化も今確認してきたような過程であることはもちろんだが、1960年代以降に加速されてきた情報化過程には、技術的・社会的な側面に、およそ以下のような傾向が認められるはずである。

技術的側面では、以前であれば特に意識的には情報過程とは見なされていなかった自然や社会の多くの面が、改めて情報という視点によって見直されるようになり、そこに情報技術が組み込まれ、情報の生産や摂取、また、加工、保存、伝達といった過程が、さまざまな事業組織や社会全体で急速に整備されてきた。

そして、社会的な側面に目を向けると、かつては社会の中心テーマは物財やエネルギー、サービスの生産であり、その直接的な実用機能が重要な位置を占めていたが、それにも増してそれらの情報機能が比重を高めてきた。さらに無形の情報それ自体の商品化が著しくなり、その価値や機能が重みをもったものとして認識されるようになってきたのである。

このように、産業社会の高度化に向かって踏み出した1960年代、その頃に展開され始めた情報化社会論では、われわれ人間だけのこととしてではなく、機械系や生物系、そして社会システムの全体を包み込んだ情報化過程がとらえられようとしていたのである。

4．高度情報化……情報化の現在

原理的な意味としての情報化は人類の歴史に普遍的に見られるプロセスだが、1960年代にはその過程が「情報化」と名づけられ、情報化社会論が展開され始めたことによって、それ以降の社会をことさらに「情報化社会」と呼ぶようになった背景はおよそ以上のとおりだった。

それでは、情報化社会の今日のありようを指して、なぜ「高度情報化社会」というのだろうか。

2000年以来、政府によって「高度情報通信社会」と言いかえられてはいるが、高度情報社会という言葉は1980年代初頭の産業構造審議会情報産業部会の答申によって急速に広まり、短期間のうちに定着していった。それから約10年後の同じ審議会の報告では、情報の伝達・処理コストが格段に低下し、時間的・空間的制約が大幅に減少して、人びとの間の情報に関する平等性が増大していく社会が高度情報社会だといわれている。

この言葉には、現代の情報化社会がそれまでとは違った高いステージに到達したことを示そうとする意図が込められているのだと思われるが、必ずしも「高度」とはどのような状態なのかが明らかにされているとはいえない。コスト低下や時間的・空間的制約の減少、また平等性の増大などといった動きは、ある趨勢を表わしてはいるが、高度情報化社会がそれ以前の社会とは異なって、質的に「高度」な段階にあるのだという根拠にはなっていないのではないだろうか。

1960年代以降、従来からあったさまざまな技術が電子技術によって置きかえられ始め、これを用いた各種の装置が広く普及するようになり、特に1980年代半ば以降は、その中でもデジタル・データ処理装置であるコンピュータの比重が著しく高まっていった。このとき、80年代以降のコンピュータリゼーションが、その後のネットワーク社会を導く過程であったことが重要である。

コンピュータリゼーションそのものは1960年代から潮流となっていた情報化過程である。しかし、世界コミュニケーション年であった1983年は日本ではニューメディア元年といわれ、以後、80年代から90年代にかけて、いくつかの官庁による一連の地域情報化施策、民間通信企業によってバックボーンネットワークと名づけられたマルチメディア時代に向けての基本構想などが発表された。また、同じ時期にアメリカでは、高性能情報通信ネットワーク促進法が上程され、情報スーパーハイウェイ構想の発表、全米情報インフラストラクチャーやグローバル情報インフラストラクチャーの構築に向けての動きへとつながっていったのである。

以上のさまざまな施策や動きにみられるように、「高度情報化社会」(advanced informationed society) というとき、「高度」という言葉には、情報化の中心がコンピュータリゼーションによるものとなり、さらにネットワーク化が進んでいるという意味が込められるべきだろう。

ネットワーク技術の開発によって、80年代の半ば以降はコンピュータやシステム間の接続が進み、90年代の中ごろにはインターネットの商用化が飛躍的な拡大を見せ始めた。インターネットは特に集中的管理者のいないネットワークであり、20世紀終盤以来のグローバリゼーションと密接な関わりをもったコミュニケーション空間になってきたのである。グローバル化とネットワーク化については、第1章でも簡略に触れられていたことを思い出して欲しい。

こうして、近年ではビジネスに関わる産業システムだけにとどまらず、市民運動といった社会的活動の場としてインターネットの重要性が高まるなど、日常生活への高度情報化のインパクトが及んでいるのである。

現代の情報化過程が「高度」だというとき、これは、コンピュータリゼーションによってオープンなネットワークが形づくられていくプロセスであることを理解しておこう。

2 情報化社会へのアプローチ

前節で見てきたように、1960年代以降、現代社会の変化の一つの側面が情報化という視点でとらえられるようになってきた。論じられた時代の背景や情報現象それ自体に対する見解の違いから、現代社会論としての情報化社会論には多くの異なった立場が混在している。

この節では、情報化社会の主だったとらえ方の概略をみておこう。

1. 文明論的アプローチ

1963年に、日本の文化人類学者梅棹忠夫が初めて情報産業という言葉を用いた（梅棹：1999）。放送や出版などのマス・コミュニケーション産業、旅行案内業、興信所、また競馬の予想屋にいたるまで、組織的になんらかの情報を提供する産業を情報産業と名づけたのである。これは、経済財としての情報の生産、加工、処理、流通を行なったり、それらに必要となる財の供給を行なう産業を総称して「情報産業」

(information industry) と呼ぶ現在の定義の源流になったものである。

ただ、梅棹説は、産業論であるよりは現代社会論や文明論としての性格が強く、その後の情報化社会論を先取りし、大きな影響を与えることとなった。

この説の卓抜なところは、社会の発展段階の一ステージをとらえるために、生物進化のあり方を産業構造高度化の比喩として用い、新しい段階としての情報化社会を、有機体としての人間の機能の段階的な発展との対比によって説明しようとした点にある。高等動物であるほど、脳や神経系統、それぞれの感覚器官といった外胚葉器官の占める比重の高いことが知られているが、梅棹説の核心は、産業構造の変動もこれとの対応でとらえられるとしたところに存在している。

社会の発展段階が低い度合いにとどまり、食料生産をする農業が中心である時代は、消化器官を中心とする内胚葉諸器官の充足する時代であり、「内胚葉産業」の時代だという。次に続く生活物資やエネルギーの生産を中心とする工業の時代は、手足の筋肉などの中胚葉諸器官の機能が拡充される「中胚葉産業」時代であり、最後に、外胚葉から発生する脳脊椎神経系や感覚器官の機能が拡充する「精神産業」中心の「外胚葉産業」の時代が到来するというのである。

ここでいわれている精神産業は、広い意味での情報産業そのものである。運命論的な歴史観による社会発展のとらえ方だという批判が向けられたことも事実だが、1970年代前半に高度経済成長が終焉し、重工業主導型の中胚葉型産業社会が行き詰まりを見せることによって、情報産業を社会神経系の比喩でとらえるこの着想の確かさが明らかとなった。

計量することが不可能な情緒のような領域までを視野に入

れて情報をとらえたこと、また、現在でこそ常識となっているが、脱工業現象の後の新たな社会を展望したことなど、現在の情報化社会論の原型を描いた梅棹説は、その意義が積極的に評価されているのである。

2．情報経済論的アプローチ

現代の社会システムの変化とその特徴を説明しようとするとき、情報化、知識化、サービス化、ソフト化などといったさまざまな言葉が用いられているが、これらの語の相互の区別は必ずしも明確なものではなく、曖昧なままにされていることが多い。このような状況を背景に、現在から未来にかけての社会経済システムをとらえようとする一つの学問的な立場として「情報経済論」が立ち上がってきた。

情報化社会へのこのアプローチは、1960年代に「知識産業論」を展開したマハループ（Fritz Machlup）が先駆けとなり、後にこれを発展させたポラト（Marc Uri Porat）が1970年代に初めて「情報経済」（information economy）という概念を提唱したことによって基礎の確立したものである。日本の民間の研究機関や官庁などによって行なわれている情報化分析は、これらマハループやポラトらの情報経済論的な手法を導入したものが多いのである。

マハループは、アメリカの経済において知識の生産と流通に多くの経済資源が投入されていることに注目し、「知識産業」（knowledge industry）の例として、教育、研究開発、コミュニケーション・メディア、情報機械（コンピュータ）、情報サービスといった5部門をとり上げた。そして、GNPとの関連で知識産業の経済的規模を明らかにしたのである。

また、知識の生産・流通を研究するには、産業面だけではなく職業面からの分析も必要であることを強調し、知識職業を、単純な機能から高度な機能へと段階化してとらえ、知識の運搬者（郵便配達など）、知識の変形者（速記者、タイピスト）、知識の処理者（会計士）、知識の解釈者（通訳）、知識の分析者（論説委員）、知識の創造者（学者、研究者）という6段階に分類した。

以上のように、マハループは、知識産業と知識職業の両面を分析することによって知識の生産・流通の役割を説明し、知識関連活動の大きさを数量化してとらえてみせたのである。

3．ネットワーク論的アプローチ

文明論的な梅棹理論も、技術的な発展によって精神産業としての情報産業が中心的な役割を担うようになると論じ、情報経済論的なアプローチは、情報活動の経済的な役割の数量化・指標化を試みようとするものであった。

これに対し、近年、情報化に伴なう技術的なインパクトや産業システムの高度化を指摘するだけではなく、電子ネットワークにおける人びとの結びつきや関係のあり方に目を向ける議論が活発になっている。ネットワークに着目する議論は、何よりも人と人とのコミュニケーションを重視しようとする。「ネットワーク」（network）とは、販売網や情報網などというように、それぞれが自律性をもった複数の単位が網目状に連携されたものであるが、人間のコミュニケーションの視点からは、それは人びとがつながりをもつためのプロセスだということになる。

このネットワーク概念は、アメリカで展開されたネットワーキング運動が日本へ紹介されることによって定着していった。「ネットワーキング」（networking）とは、1960年代、先進産業社会が高度成長の最終局面を迎える中で、それまでの社会の中心的な価値への対抗文化運動が登場してきたことに出発点があり、1970年代以降に活発になったオルターナティブな生活と社会づくりを目指す新しい社会運動である。これは、さまざまな個人や集団によって、相互に意識的にネットワークが形成されることを示す言葉なのである。

リップナック（Jessica Lipnack）とスタンプス（Jeffrey Stamps）は、アメリカの多様な自発的市民参加運動を分析して、その全体をネットワーキングと呼んだが、1980年代、両者が共に出版した本によってこの言葉は世界的な流行語となった。二人によれば、われわれを結びつけ、活動・希望・理想の分かち合いを可能にするリンクがネットワークであり、人びとが他者とのつながりを形づくるプロセスがネットワーキングである。つまり、ネットワーキングは、人間の社会関係の再調整を目指す新しい方法としてとらえられているわけである。

以後のさまざまなネットワーキング論の展開は、多くの場合にこの考えの影響を受けたものといえるが、このとき、地域や組織への所属、職業上の地位や役割といった個々人の社会的な属性を離れ、自律的で水平的な結びつきが形づくられようとしていることが重要である。縦の階統構造によって個々人が配置されているような従来からの組織ではなく、自発的な横型の連携によって人びとが協働関係をとり結んでいることにネットワークの意味が存在するのである。

こうしてみると、今までの、技術・経済・産業至上主義的な性格をもちがちだった情報化論議に対して、効率的な目標達成だけではなく、価値を共有する共感的な関係を築こうとするネットワーキングは、これまで社会学が提示してきた「ボランタリー・アソシエーション」(voluntary association) を電子ネットワークを介して実現しようとする運動ということができるだろう。

3 現代の情報行動

1. 情報環境の拡大

人間にとっての環境は、社会学の見かたからすれば、大別して自然的環境と社会的環境との二つに分けることができる。このうち、社会的環境は、人びとが日々の生活を営む中で、さまざまな活動を繰り広げることによって歴史的につくり出されたものであることはいうまでもない。そして、近代化の過程によって、もともとが人間によってつくられた社会はより人工的な性格の強い生活空間になったといえるだろう。

情報の乗り物であるメディアもまたわれわれにとって環境の人工的な構成物となっている。メディアは、もともと「中間」とか「媒介」といったことを意味するラテン語が語源になった言葉であるが、20世紀以降はコミュニケーションの手段としての媒体を示すようになった。情報は、シンボルや記号によって表現されて初めて「意味」を担った存在になることができるが、それと同時に、社会的な広がりをもつためにはメディアに乗せられていなければならない。そうすると、「メディア」(media) とは、シンボルや記号によって表現された情報を伝達し、また、処理、蓄積、再生する働きをもつものということができるだろう。

この章の最初の節で学んだように、情報化とは、人間の観念、もの事、事がら、でき事などを記号化して表現し、そこから意味を引き出し、時間・空間を超えて、まるで実体を取りあつかうのと同じ効果を得ようとする工夫のプロセスのことであった。これをメディアとの関わりでとらえれば、新しいメディアが登場することによってそれまでにはなかった情報の世界が創造され、社会的環境の中で果たしている役割が増大していく過程が情報化であると言いかえることもできるのである。

かつて文字が発明され、それが岩盤や木片や紙に記されて以来、20世紀後半以降のエレクトロニクス化やコンピュータリゼーションが急速に展開する現在に至るまで、情報の乗り物としてのメディアは、一貫して技術的に高度化し、多様化する道を歩んできた。メディアは社会的環境の中での重要度を増し、今日では、さまざまなメディア群の全体がそれ自体で一つの環境を構成するようになったのである。その結果、無形で一過性のものという性格を帯びている情報という現象は、このメディア環境の成立によって、伝達、処理、蓄積、再生されることが以前よりもはるかに容易になり、その一過的な性格がほとんど拭い去られたといってもいいだろう。これは、現実環境の単なる補完物にとどまることのない、自立した「情報環境」(information environment) が確立したことを意味しているのである。

2．擬似環境論

以上のような情報環境のありようについては、従来から、それは擬似環境だという否定的で厳しい批判が向けられてきた。この言葉は、アメリカのジャーナリストであったリップマン（Walter Lippmann）によって提起された語で、準環境ともいわれている。われわれ人間が抱いている環境イメージの多くの部分は、他人が操作するシンボルによって定義づけられた状況であり、間接的な環境である。リップマンは、このような環境イメージは、省略、強調、誤認、歪曲などを含んでいるために、現実環境を正確に反映したものとはいえず、真の環境ではないという意味で「擬似環境」（pseudo environment）と呼んだのである。この考えを受けて、20世紀後半に大規模化したマス・メディアによって構成される情報環境を擬似環境というようになったのである。この意味で、擬似環境論はマス・コミュニケーションの理論でもある。

しかし、新聞・雑誌・ラジオ・テレビといった四大マス・メディアを中心とする従来型メディアが成熟段階に入った60年代から70年代の時代と比べても、高度情報化過程にある現代では、情報流通量ははるかに大きいものとなっている。しかも、90年代の一般開放以来、インターネットのマス・メディア化も顕著となっている。このような状況にある現代では、情報を得ることによって築かれる環境イメージが、直接的経験によってつくられたものではないために擬似だとする見かたが問い直されてもいるのである。

3．高度情報化の中の情報行動

情報環境はただ単に現実環境を補完するというものではなく、また、さまざまなメディア群が環境の構成物として社会的な装置になっている現代では、これを前提として人間と情報の関係をとらえなければならない。最初に情報化論議が沸騰していた1970年前後からその後の80年代の初めにかけて、このような立場に立った情報行動論が登場してきた。

それらによれば、「情報行動」(information behavior) とは、行動主体が、環境との相互作用の中で情報を引き出したり、捜したり、また伝えたりといった行動をすること、あるいは、記号体系・情報・メディアの全体である情報環境という場で、メディアや情報を選択し、意味を与えるという行動をとることだとされている。

また、90年代に入ると、これらの情報行動概念を踏まえながら、メディアを媒介にするか否かにかかわらず、情報の収集、伝達、蓄積、処理をする営みが情報行動であるという定義も試みられた。

ある時代以前であれば、人びとが何らかの情報を得ようとするとき、その仲立ちとなるのはほとんどの場合に具体的な他者だった。対面的な状況での音声言語を中心としたパーソナル・コミュニケーションによる情報行動だったのである。しかし、情報行動についてのいくつかの定義づけに見られるように、現代のわれわれは、まったく生身の他者と関わることなくメディア情報を受容し、そのことによって自らの環境像を形成することも可能なのである。すでに従来型マス・メディアの全盛時代に指摘されていたこの状況は、インターネットへの接続率の上昇とともに、より顕著なものになっているだろう。

このように、高度情報化に伴なって、メディアの向こう側に具体的な他者をまったく想定することのない情報行動が圧倒的な比重を占めるようになったのである。

4．モバイル・コミュニケーション

確かに、高度情報化の過程は、人びとの日々の情報行動における「メディア接触行動」の比重を高め、しかも、具体的な他者とコミュニケートすることのない対メディア行動がその多くの部分を占めるような情報環境をつくり上げてきた。このとき、よく耳にすることになったのが、人間関係が稀薄になっていると否定的に指摘する声である。特に若年世代を対象にした批判になりがちのようだが、メディアへの関わりに没入しすぎることで、とりわけ対面的な接触を中心とした「対人コミュニケーション」(inter personal communication)がとれなくなっているというのである。

しかし、情報環境が複雑で高度なものになっていくということが、それだけで対人コミュニケーションを衰退させてしまうのかどうかは断言できないことである。他者を想定しない対メディア行動が増加していけば、個人の情報行動全体に占めている対人コミュニケーションの比重が低下するとはいえるが、その総量が以前より小さなものになってしまったとはいえないだろう。むしろ、新しい電子情報機器が対人コミュニケーションを活発なものにさせることも充分に考えられるのである。

ここで、近年はすっかり当たりまえのものとなった移動体通信に目を向けてみよう。

携帯電話は今は「ケータイ」と略してカタカナ表記され、その登場以来、きわめて短期間のうちに総合情報端末機器という性格をもつものになっていった。若い年代では、「ケータイ」を「携帯」していない人のほうが圧倒的に少数派だろう。「ユビキタス社会」といわれる今日、欠かすことのできないメディアになっているのである。

ケータイはほとんど常に身につけているものであり、「パーソナル・メディア」(personal media) の極地のような機器である。そして、もともとが通話機器として出発した道具であるため、音声通信であれ文字通信であれ、「パーソナル・コミュニケーション」(personal communication) を促進することに役立っている機器なのである。自己都合的な側面があったり、部分的で選択的な人間関係に終止していると批判することもできるが、社交性を促し、特に旧知の間柄の者たちとのパーソナル・コミュニケーションを強化できるという積極的な評価も可能だろう。

個々人にとっては、まず利便性や機能性が意識される機器だが、すでに学んだように、それが社会との関わりのなかでどのような意味をもつものであるのかが考察されるべきである。その意味で、「モバイル・コミュニケーション」(mobile communication) とは、社会学的想像力を充分に働かせてみる価値のある情報行動だといえるだろう。

【引用・参考文献】

- 高木修監修／川上善郎編集『情報行動の社会心理学』北大路書房, 2001.
- 伊藤守・小林宏一・正村俊之編『電子メディア文化の深層』早稲田大学出版部, 2003.
- 小林修一・加藤晴明『《情報》の社会学』福村出版, 1994.
- 折笠和文『高度情報化社会の諸相』同文館, 1996.
- 三上俊治『メディアコミュニケーション学への招待』学文社, 2004.
- 三上俊治『改訂版 情報環境とニューメディア』学文社, 1993.
- 加藤晴明『メディア文化の社会学』福村出版, 2001.
- 濱口惠俊編『高度情報社会と日本のゆくえ』NHKブックス, 1986.
- 吉田純『インターネット空間の社会学』世界思想社, 2000.
- 福田豊『情報化のトポロジー』御茶の水書房, 1996.
- 朴容寛『ネットワーク組織論』ミネルヴァ書房, 2003.
- 梅棹忠夫『情報の文明学』中公文庫, 1999.
- マハループ, F.『知識産業』高橋達夫・木田宏監訳,産能短大出版部, 1969 (原著, 1962).
- リップマン, W.『世論 (上)』掛川トミ子訳, 岩波文庫, 1987 (原著, 1922).

●北川高嗣・須藤修・西垣通・浜田純一・吉見俊哉・米本昌平編『情報学事典』弘文堂, 2002.
●森岡清美・塩原勉・本間康平編集代表『新社会学辞典』有斐閣, 1993.
●通産省機械情報産業局編『高度情報化プログラム』コンピュータ・エージ社, 1994.

第 7 章

逸脱をどのように考えるか

石川雅典

1

「普通」とは何かを導入として、
逸脱を考察する際にはずせない社会規範の基本的考え方と
その種類であるフォークウェイズ、モーレス、道徳、法について学ぶ。

2

社会規範の弛緩した状態を指すアノミーは、
これまでデュルケームやマートンによって
逸脱の原因になるものとして取り上げられてきた。
逸脱は社会規範に同調しない状況をさすが、その見方は
病理的な定義から構成主義的な定義へと移り変わってきている。

3

改めて「普通」(「普通」の子による犯罪)を問い、
逸脱研究のポイントを確認する。

1　「普通」とは

やや唐突だが、「普通」とは何だろうか？国語辞典を見ると、「①ひろく一般に通ずること、②どこにでも見受けるようなものであること。なみ。一般」（『広辞苑 第4版』）と記されている。このような意味を見れば分かるような気もするし、反面で何だかまだ釈然としない気にもなる。また、和英辞典（『プログレッシブ和英中辞典』）で「普通」を見ると、usuallyやcommonly, generally, そしてordinally, common, averageなどの単語が並んでいて、日本語の「普通」がいかに多義的か分かる。普通切手や普通電車のように、「普通〇〇」という慣用的な使い方をする用語の中には、その言葉の持っている意味（「普通〇〇」と「そうでないもの」との違い）がかなり明確に定義されていたりするが、単独で「普通」と使う場合や日常会話で用いられる「普通」は、実のところ今ひとつつかみにくい。

また一般的に「普通」があるということは、もう一方で「普通でない」ものの存在が想定される。「普通でない」ものは、その規準となる価値評価の仕方によってプラスの意味での「普通でない」と、マイナスの意味での「普通でない」とに分けられる。例えば、マイナスの意味で「普通でない」大学生は、学則の脈絡でみると、学生としての本分を十分に理解・認識せず、単位取得要件をみたさない（講義の長期無断欠席や定期試験の未受験など）場合や、性行不良で学校や他の学生に直接・間接に害を及ぼす場合などが該当する。反対に、プラスの意味での「普通でない」大学生は、学業奨学生などが思いつくであろう。何を規準として誰が判定するかによって、「普通でない」大学生は様々な内容をもち得る。

これとは逆に、少年少女犯罪報道の中には加害者が「普通」の子であったというインタビューやコメントが散見される。「普通」の子が法的に処罰の対象となる「普通でない」行為に及んだという意味では、この言葉の使い方や次元に矛盾を感じる人もいるであろう。あるいは、ただ単純になぜ「普通」の子が？という疑問を抱く人もいるであろう。

長引く不況の影響によって、就職活動で自己分析を行うことが必須（!?）となっている今日、他の人とは違った自己ＰＲをすること・できることが社会的に求められつつあるように、「普通でない」ことが規準化（＝「普通化」）する側面もあり、「普通」とは流動的でもある。本章では、社会学が逸脱という分野でこのような内容をこれまでにどのように取り扱ってきたかみていくことにしよう。

2　社会規範とアノミー

1．社会規範の種類

「普通」であるとか「普通でない」は、逸脱の分野では「正常（同調）」と「異常（逸脱）」の問題として取り扱われてきた。これらを考えるにあたって、まず知らなければならないのが社会規範である。社会規範とは、人間が社会の一員として守らなければならない規則や規準のことを指し、これらによって個々の行為の判断や評価がなされるものである。狭い意味では、社会規範は道徳性を帯びた規準といってもよい。「～すべき」という性格を帯びたものである以上、人間はその社会規範に同調、つまり行動や態度などが規範の方向に一致していくことが要求される。この社会規範は様々なかたちで存在していて、学校の規則を定めた学則や国の定める法律をはじめ、慣習や道徳や礼儀、インフォーマルなルールなど、「～したほうがいい」のような社会規範に相当するものはたくさんある。

明示的な例では、2004年11月の一部改正によって、運転中の携帯電話使用自体に反則金が課せられることになった道路交通法がある。この法律は、もともと交通の安全と円滑を図り、道路での危険や障害の防止を目的とするもので、道路を使う全ての人に適用され、この法律に違反する行為をした場合、誰もが罰則の対象となることはよく知られている。

以上のような社会規範については、これまでにいくつかの観点から記述と分類が行われてきた。

まず、アメリカの社会学者サムナー（William Graham Sumner）は、今から1世紀ほど前に、社会規範をフォークウェイズとモーレスとに区別して概念提示した。

フォークウェイズは「民習」とも訳され、欲求を満たそうとする個人の努力から自然発生した習慣（生得され、自動的に生じる個人の行動）のことであり、その習慣が広く集団のメンバーの間に広がって社会的慣習（社会や民族の単位で伝統的に行われる事柄ややり方）の状態になったものを指していう。このようにして形成された慣習は、次第に大きな規制力をもつようになることがある。

一方のモーレスは「習律」と訳され、慣習が人間や社会にとってとても意味のあるものとして信念を伴うようになった場合を指す。モーレスはフォークウェイズに比べてサンクション（ある人の行為に対する他者の肯定・否定の評価や判定を含んだ反応）の度合いが強く、社会の発展に対して大きな貢献をした場合には様々な賞や報酬が用意される一方で、全体の秩序を乱したり、ルールや申し合わせに背いた場合には制裁が加えられる。

首都圏の主要な鉄道の駅で、朝晩の通勤・通学ラッシュ時に整列乗車の光景を目にする人も多いと思う。これは、乗車後の座席を確保するため（大きなターミナル駅では、混雑時に到着列車に乗車するため）の一種の社会規範であり、先着整列者の優先的な座席確保などを秩序化しようとするものである。鉄道会社は利用者に対し整列乗車への協力を強力に呼びかけ、混雑時の駅構内の事故防止と混乱を回避しようとしている。このような中で、もし整列しているところに割り込んで乗車する人がいたとしたらどうなるであろうか。駅員が発見すれば、アナウンスなどを通じてすぐに注意を促すだろう。もちろん、それだけではない。整列していた利用者の中にも、大声で注意を促したりその行動を制止しようとする人があらわれるだろう。あるいは、口には出さずとも、割り込み行為を目の当たりにすれば許容できない気持ちを抱く整列者は多いに違いない。このように、一時的であるにせよ、割り込み者の行為に対して周囲の反応がかなり強く出るという意味では、この社会規範は一種のモーレスともいえる。

しかし、である。首都圏以外では整列乗車がここまで規範化されているであろうか。あるいは、整列乗車らしからぬ行為に対して、どの地域でも同じような強い反応が起こるであろうか。さらには、昔から整列乗車は規範化されていたであろうか。つまり、サンクションの度合いの強弱は地域や時代によって異なっていて、その意味ではフォークウェイズとモーレスの境界は必ずしも明確でない。首都圏の整列乗車は、基本的に人口の過密・集中が基本的な原因となって、座席確保などの需要が供給を過度に上回ることにことの発端があるといえるが、需要が供給を上回っていても、阪神圏のように整列乗車があまり浸透していない地域もあり、文化的な背景などを考慮に入れる必要がある。

モーレスが基盤となって、規範的な価値意識にまで高まったのが道徳である。道徳は、社会の秩序維持にとって人の行為の善悪や正・不正を判断する規準として一般に認められた社会規範であり、社会化の過程を通じて個人のうちに内面化されるものである。この内面化されたものを、道徳意識や道徳的な判断力を意味する良心ととらえることもある。ともあれ、道徳にとってのキーワードは「善」と「正」であり、道徳意識とはこの善と正を志向する精神である。

良心の呵責や後ろめたさは、多かれ少なかれこの道徳意識に関係がある。例えば、人の所持品を失敬したとしよう。失敬したことで、スリルの中にも充足感はあったかもしれない。ところが「失敬をしてしまった」という気持ちは同時に残る。また、人との約束を破ったとしよう。破ることで都合は良かったかもしれない。しかし「破ってしまった」という気持ちはやはりどこかに残る。さらに、衝動的に人を危めたとしよう。逮捕されて法的な処罰を受ける場合も、そして逃れることができた場合も、生涯にわたって「人を危めた」ことに対する罪は消えない。

良心のかけらもない、という言葉を時折耳にするが、道徳とは内面を通じて人間を支配し、自分の行為を自らが「判定」するところに特徴がある。

最後に取り上げる社会規範は法である。法には元来、道徳と似たような解釈も存在しているが、基本的にはある集団や社会に存在する規範とその要請に基づいて、個々の行為や出来事が適法か否かを判定するものである。今日では、法は社会生活を維持するために国家などの公的権力によって定立され、サンクションが明示されて、そこに所属するすべての人に適用される。したがって、個人のうちに内面化されている道徳的な規範意識とは異なり、法は個人の外側に位置し、そして一定の標準または当為命題として集団に所属する個人に対し普遍的な拘束力を持ち、守ることを要求するやや特殊な社会規範である。上述した道路交通法は、ここでいう法のいい例であり、（六法全書などにみられるように）現代の日本において法の数と内容は膨大である。

2. 支配の正当性

社会学では、かつてヴェーバー（Max Weber）が支配の概念を洗練させる中で、支配の正当性の類型を示した。ヴェーバーによれば、支配とは権力よりも狭い概念で、「一人または数人の「支配者」の表示された意思（「命令」）が、他の（一人または数人の「被支配者」の）行動に影響を及ぼそうとし、（中略）被支配者がこの命令の内容を、それが命令であるということ自体の故に、自分たちの行動の格率としたかのごとくに、おこなわれる（「服従」）というほどに、影響をおよぼしているという事態」（ヴェーバー：1960）が社会学に固有の概念であるという。つまり、支配とは支配者の被支配者に対する命令だけでなく、被支配者の支配者に対する服従意欲を不可欠の条件とする関係であり、支配を安定したものとするためには、以上のような内面的に支えられた正当性が求められるところから支配の正当性が示された。支配の正当性は、究極的には合法的支配・伝統的支配・カリスマ的支配の三類型に分けられる。

合法的支配は、形式的に正しい手続きで制定された規則に正当性の妥当性の根拠を求める支配である。この中で、上司の支配権は制定規則に定められた範囲内で権限が正当化されている。一方、服従者はこの規則によって示された人と範囲内において服従する。合法的支配は、具体的には国家や地方の行政組織、そして資本主義的な民間企業における支配関係が挙げられ、最も純粋な型は近代の官僚制である。

伝統的支配は、制定規則でなく昔から存在する伝統的な秩序とそれによって権威を与えられてきた者への神聖性に正当性の根拠を求める支配である。この最も純粋な型は家父長制である。ここでの支配関係は伝統によって拘束されていて、伝統的な規範に対し新たな法をつくることはできない。

カリスマ的支配は、支配者のもつカリスマ性、とりわけ呪術的能力、啓示や英雄性、精神や弁舌に対する情緒的な帰依によって成立する支配である。正当性の根拠は、被支配者がカリスマをもつ人を承認することである。

支配者の命令に対し被支配者に服従意欲が生まれる動機は、目的合理的なものから慣習的、情緒的なものまで様々であるが、ヴェーバーの三類型に示されていた支配の正当性の各根拠は、社会規範の分類にある程度対応するものとみられ(例えば合法的支配は法のように)、示唆に富んでいる。

社会規範は、このほかにも時間的に変化をする流行などの具体的形態をもってとらえることが可能である。

3. アノミー

社会規範に変化が生じ、人々の行動を秩序づけている共通の価値や道徳が失われて混乱が支配的となるような社会の無規範状態をアノミーという。アノミーは、語源的には無法状態を示す用語で、これを社会学の概念として定式化したのはデュルケームである。

デュルケーム（Émile Durkheim）は、19世紀末の古典的名著の中でアノミーを次のように用いている。

ひとつは､社会の分化に伴う諸機能の対立と不統合である。「社会分業論」の中で、デュルケームは資本主義的な生産様式の進展によって生じた抑制と規則を欠いた過剰生産や、資本と労働者との階級対立などを無規制状態として記述している。

もうひとつは、「自殺論」で自己本位的自殺、集団本位的自殺とともに自殺の類型として示されたアノミー的自殺である。アノミー的自殺は欲求の無規制と肥大化を意味し、それによって不安や焦燥、幻滅が強く感じられるようになり、これらが自殺の原因になるというものである。この中でデュルケームは、急激な経済的繁栄や突然の不況を示す時代に、欲求を抑える力が失われ自殺が多くなることを析出している。

デュルケームのアノミー概念をさらに発展させたのがマートン（Robert King Merton）である。マートンは、デュルケームよりもこの概念を広くとらえ、文化的に制度化された成功目標（社会的・経済的成功など）とその達成に利用できる手段や機会（例えば教育機会）との間の調和的な関係が崩れる状態をアノミーとし、人々が欲求不満に陥ると考えた。目標と手段・機会が乖離する構造的な緊張をアノミーと見たマートンのアノミー論は緊張理論といわれ、このようなもとで犯罪などの逸脱行動が発生すると考えた。つまり、社会統制が十分でないために逸脱行動が起こるという考え方である。社会統制とは、社会や集団が自らの秩序を維持するために、内部の集団や個人に対して逸脱を抑え、期待に同調するように強いる過程のことである。マートンは、アメリカにおける貧困階層の犯罪率がなぜ高いかについて、成功目標を達成するための手段・機会の利用可能性に階層的な差異があることを指摘し、その差異に対する反応として貧困階層の手段・機会が合法的手段以外に向かっていくため、犯罪率の違いとなってあらわれると考えた。

アノミーという現象は複雑で、その観点も一様でない。しかし、例えば日本の就業システムが年功序列から成果主義へと少しずつ移りゆく今日の状況をみていると、その中には、新たな達成目標になじめず離職をしたり、配置転換や降格などである種の不満や挫折感を覚える人が出現するものであり、このような見方をする場合にはマートンのアノミー論が頭の中をよぎっていく。

3 逸脱

逸脱とは、広い意味でとらえれば本分からはずれたり、はずすことを指す。ところが、社会学で取り上げる逸脱（社会的逸脱）は、集団や社会の規範に同調しない行動や態度を指していう。法的に規制されるものに限らず、社会的に非難される行為を含みこむ概念である。社会規範が地域や時代によって異なるので、その規範に反する逸脱も多様な姿をあらわす。同じ地域や時代においてもある規範への同調が他の規範への逸脱となる場合もある。その意味で、逸脱とは相対的な概念である。また、性同一性障害のように、もともと逸脱的とみなされていたものが下位文化を形成し、法的な整備によって社会的に認められるような例も存在する。ともあれ、逸脱は前節で取り上げた同調と対照的であり、それとの対比によって意味を持ってくる。犯罪や自殺、非行、薬物、売春のようなものから差別や偏見に至るまで、逸脱現象は社会問題や生活上の問題という性格が付与される中で、様々な角度から注目され研究が行われてきた。

1．少年非行

まずここで少年非行を例に考えよう。「非行は社会を映す鏡」とも言われる。日本では、非行は少年法によって犯罪少年（14歳以上20歳未満）・触法少年（14歳未満）・虞犯少年（20歳未満）として規定されている。さらに、社会学的には社会規範に反する少年の不良行為を指し、人々の価値観などに照らして罰や保護の対象となるものとされる。非行の原因については､時代や文化によって異なるとの見解が一般的であり、これを一義的に定義づけするのは難しい。非行の規準や重さについても同様のことがいえる。例えば、警察の取り締まり当局の非行概念が常識路線へ広がりつつあるため、取り締まりが強化され結果的に非行が増加しているとの指摘もある。非行の原因については、上述した緊張理論のほか、文化学習理論のように、非行のサブカルチャーを非行集団から学習することによって逸脱的なパーソナリティを形成する、といった歴史的に様々な考え方が提示されてきたが、今日ではどのような特徴が見出せるのであろうか。

非行の促進要因としては、学校教育との関係が深いと指摘される（矢島：1995）。矢島によれば、少年非行へと駆り立てるのは、学業不振と将来的な学業展望の喪失である。これは、上述したマートンの目標と手段・機会の乖離を連想させる内容で、万人に開かれ、私たちが社会的な成功を獲得しようとする際の手段である学校教育も、高学歴化の潮流が強まる中で、一部の学生は目標達成の手段を放棄する。そして、手段を放棄した人を待ち受けているのが、その人たちを逸脱的な行動へと導き込む物的（お酒、車、薬物など）・精神的誘惑である。

一方、矢島は非行の抑止要因にも着目する。本来、家庭や学校、地域には非行を抑止する力があった。しかし、都市化の進展によって地域社会が薄れ、生活の社会化と個人化が進展すると、従来の基礎集団がもっていた機能は低下し、非行抑止力は弱まる。矢島は、どのようにすれば非行の促進要因を上回る抑止要因が創出できるかが、非行減少に向けての大きな課題であると指摘する。

なおこれと関連して、かつてサイクス（Gresham M. Sykes）とマッツァ（David Matza）は、非行化過程について中和の理論という独自の考え方を示した。これは、規範を内面化している非行少年が社会の生み出した中和の技術（責任回避など）をひとたび獲得すると、規範に背を向けて非行行為自体を正当化する、というものである。これは、非行の発生を説明するユニークな理論である。

では、少年非行の実態はどうであろうか。最近では、小学生による殺傷事件やバスジャック事件などのように、少年非行があまりにもセンセーショナルに報道されるため、少年犯罪の低年齢化や凶悪化をイメージすることが多くなっている。ところが、『犯罪白書』（平成15年版）によって少年犯罪の年次別状況をみると、例えば少年刑法犯の罪名別検挙人員の中で「殺人」が急激に増えているかといえば、そのようなことはない。むしろ高度経済成長期の頃と比べるとその実数はおよそ４分の１の水準で推移している。また、少年刑法犯の検挙人員総数をみると、昭和50年代後半には年間で30万人を超えていた年次もあったが、平成14（2002）年には20万人余りとなっている。このように少年刑法犯の検挙人員全体が目立って大きな変化を見せていない中で、最近の特徴として注目できるのは「強盗」の増加と「横領」の肥大固定化である。『犯罪白書』によれば、深夜営業店舗の増大等に伴う少年を中心とした路上強盗の増加が、凶悪犯罪変貌のひとつの特質として明記されている。

２．逸脱の見方

ところで、人間は種々の対象を対比的なカテゴリーを用いて位置づけ秩序化している、とみる宝月誠は、同調あるいは逸脱のカテゴリーがどのような行動（および担い手）に付与されるのかについて、これまで三つの立場があったと指摘している。

第一は病理的な定義である。これは、逸脱を社会的に有害な結果をもたらす（可能性のある）行為や行為者、状態とみなし、これらが改善（矯正）の対象となることを特徴としている。この際、逸脱とみなす規準は日常的な感覚や常識から客観的なデータまで様々であり、犯罪行為などがその対象となる。しかし、宝月によれば「これらすべてが社会にとっていかなる場合も病理であるのかはかなずしも明らかではない」（宝月：2004）とし、病理とみなす判断の曖昧さを指摘する。犯罪性向、つまり欲望を即時的に満足させずにいられない行為者の特性に関する研究は、逸脱的な行為者を理解するうえで注目できるが、それとてすべての逸脱行為を説明できない。

第二は規範的な定義である。これは集合意識や社会規範との関連で逸脱を見定め、社会規範を社会の構造的な要素とみなし、その発生や形成に着目するものである。社会規範が個人に外在する立場をとるデュルケームは、この規範に反した行為を逸脱とみなした。また、アメリカ移民の犯罪発生率に関する研究を行う中で、犯罪の発生を異質な文化相互間の葛藤という点から説明しようとしたセリン（Thorsten Sellin）は、逸脱を社会集団が活動の所産として生み出し、そして日常の生活において従うべき行為規範にまで視野を広げてとらえることが望ましいと強調した。さらに、エールリッヒ（Eugen Ehrlich）が提唱した生きた法（実定法規範と必ずしも合致しない自生的行為規範）もこの定義に含まれる。

第三は構成主義的な定義である。構成主義（社会構築主義）とは、「エスニシティやジェンダー、パーソナリティ、家族、科学、歴史的事件といったさまざまな研究対象を、実体ではなく、人々の営みを通じて紡ぎ出された構築物（construct）としてみる」（庄司ほか編：1999）考え方である。第三の考え方は、第一と第二の考え方を批判する中から誕生してきた。ここには、今日の逸脱研究にいたる重要な流れが組み込まれている。別々に分けてみていこう。

3．ラベリング理論

まずはじめはラベリング理論である。ラベリング理論は、1960年代からアメリカで登場してきた逸脱に関する理論で、社会集団が規則や知識や常識をつくり、ある人に逸脱のレッテル（ラベル）を貼る過程や、レッテルを貼られた逸脱者に対する周囲の人の反応によって、逸脱的なパーソナリティが形成されていく過程に着目する立場である。ことに犯罪定義のされ方に目を向ける中で、逸脱を自明視せず、その生成過程に着目した点でそれまでの逸脱研究とは根本的に異なっている。

そもそもラベリングとは、ある人や行為に対して逸脱のレッテルを貼ることである。レッテルを貼る根拠は社会がつくった規則への違反や標準的な属性からの懸け離れなどであり、他者や社会統制機関、そして自らによってレッテル貼りが行われる。

例えば、過去に法を犯して罪を受けた者を「前科者」とみることがよくある。時代をさかのぼれば体に烙印を押されたようなケースだ。これはまさにラベリングであるが、一体何を根拠に誰がそのようなレッテルを貼るのか。また、仕事のできない人には「愚図」のようなレッテルが貼られる。この場合も何が根拠で誰が貼るのか。このように、ラベリングは通常マイナスの価値を持っているが､その一方､「よくできる」人は「天才」というレッテルが貼られるように、プラスの意味で付与されることもある。

上述したマートンの緊張理論は、社会の統制が十分でなくなったところに逸脱が起こるという説明の仕方であった。それは換言すれば、社会規範から逸脱する人や行為に対してはサンクションが用意されていて、そのサンクション（反作用）を通して社会の統制が成し遂げられることを意味している。これに対し、ラベリング理論は社会の統制そのものが逸脱を生むと主張する。因果関係の逆転である。

例えばこのように言えようか。ある飲食店にたくさんのお客が入っている。一人の人もいれば仕事仲間同士や友人同士、そしてカップルもいる。さらに小さい子どもを連れた家族もいる。この時、複数の小さい子どもが楽しさのあまり、他の人の耳に届くほどの声を発しながら騒ぎ出すとする。すると他の人はこの状況をどのように見るであろうか。ある程度静かな固有の空間が奪われることによって、中には「子どもがうるさい」と、この行為を「迷惑行為」と意味づけ注意を促す人もいるだろう。お店の接客係は、仮にそのような状況に遭遇すれば、立場上そのことを当事者（騒いでいる子どもの親など）に伝えに行くかもしれない。しかしそれだけであろうか。家族と連れだって子どもが外食をしにきている様子をみて「子どもが楽しそうにしている」と見る人もいるだろう。また、当の子どもたちは騒ぐことに熱中しているであろう。通常、最も困惑するのは騒いでいる子どもの親などであり、他の人の様子を気にしながら「騒いでいる子どもの親（＝騒ぎを抑えられない親）」というレッテルを貼られたことに改めて気づく。

このように、ラベリングはレッテルを貼る人や機関が、レッテルを貼られる人やその行為に対し、何を材料としてどのように貼るかによって異なってくる。上の例でいえば、飲食店という公共の場で、子どもたちの騒がしい行為を自分や他人に迷惑行為をおよぼしていると他者が解釈すれば、その行為は逸脱的とみなされる。それは「騒ぎを抑えられない親」のレッテルをさらに増幅させたり、「店内ではお静かに（騒がしい方の入店はお断り）」の規則（規制）をさらに強化する可能性がある。

もうひとつ例を挙げよう。フリーターと同様に若者の就業問題として最近話題になっているのがニートである。ニートはNot in Education, Employment or Trainingの頭文字をとった用語で、義務教育終了段階以降に進学・就職をせず、職業訓練も受けていない15～34歳の未婚者を指す。元々イギリスのブレア政権で用いられ、その後日本版が定義された。そして、2004年に入ってからは雑誌に掲載され、同年2月には国会でも取り上げられて、厚生労働省のニート対策に盛り込まれている。ニートに対する国と研究者などとの関心や思惑は異なると思われるが、これはニートというレッテルが改めて登場したことを意味している。そして、ニートには「働かない怠け者」の意味が付随することがあり、これが逸脱とみなされる可能性は大きい（2004年10月２日、８日付け朝日新聞）。

ラベリング理論の先駆けとなる「アウトサイダーズ」を著したベッカー（Howard Saul Becker）は、逸脱を「社会集団は、これを犯せば逸脱となるような規則をもうけ、それを特定の人々に適用し、彼らにアウトサイダーズのレッテルを貼ることによって、逸脱を生み出す」（ベッカー：1978）と定義し、逸脱研究に新たな途を開いた。そのほか、ラベリングが逸脱を増幅させる点や、公式統計を生み出す過程に関心を示して、他者の反作用の恣意性（社会統制機関による権力行使）が逸脱を生み出している点に注目するなど、ラベリング理論の功績は大きい。

４．スティグマ

スティグマのもともとの意味は奴隷や犯罪者の体に刻まれた徴《しるし》である。この用語は、十字架上のキリストの傷に似た聖痕という意味をもったりしたが、ゴフマン（Erving Goffman）はこれを否定的に扱われる社会的なアイデンティティ一般に広げて概念化した。つまり、汚名や恥辱や不名誉のように、基本的にはある社会における望ましくない違いを意味し、この違いによって他者から不信や蔑視の対象としてみられるような否定的属性のことを指す。

スティグマはラベリングと関係が深く、身体上の特徴や性格、人種などに徴されて、それが偏見や差別につながることもある。例えば、「酒癖が悪い」という徴がひとたび刻まれると、日常生活では正常な評価を得ている人でも、その人に対するその後の周囲の見方が変わるように、徴されたものを削り取るにはかなりのエネルギーが必要となる。

こうした中で、かつては性的な逸脱者とみられたゲイやレズビアンが最近ではクイアー（queer:変なやつ）と誇りをもって自称し、「スティグマの転換」という手法によって差別を廃していく文化的な実践の動きがあり、その可能性に注目が集まる。

5．社会構築主義

逸脱に関する構成主義の立場は、スペクターとキツセによってより徹底してあらわされた。逸脱（社会問題）は、ある社会的な状況の中である人がある状態についてクレーム申し立ての活動を行い、そしてそれに反応する人がいる。そのような人たちのやりとりに注目しながら、逸脱や問題がどのように生み出されていくのかを明らかにしよう、というのがこの立場の主張である。

スペクター（Malcolm B. Spector）とキツセ（Jhon I.Kitsuse）は、ソヴィエト反体制者の精神病院拘禁（精神医療の濫用）をめぐるアメリカ精神医学会のリアクションに関する事例研究をもとに、「われわれのデータは、クレイムやそれをめぐる問題が定義され、再定義され、ある参加者のグループから他のグループへと引き継がれて、展開していく過程を描きだす。このような社会問題の一続きの糸は、種々の制度とさまざまな登場人物のなかを縫っていく。さらに、新しい参加者がクレイム申し立て活動に加わり、問題を再定義し、活動の焦点を変更するのに応じて、データの焦点も変わる。たとえば、初めての時点ではソヴィエト連邦での精神医療の濫用への関心であったものが、合衆国での同じような活動への関心に変わり、さらに、アメリカ精神医学会の善意と誠意に関する問題に変わった。」（キツセ & スペクター：1990）と述べ、クレーム申し立て、苦情の陳述、状態改変の要求活動が社会問題のコアであることを指摘し、ある社会的状況が社会問題であるとする定義は、「自分にとって好ましくない状況に人びとの目を向けさせ、その状況を変えるために諸機関を動かそうとする社会のメンバーの手によって構成される」（前掲書、123頁）と主張する。

このように考えると、陳情、苦情、抗議、要求、要請の各活動は優れたクレーム申し立ての例である。そして、これらの活動に人がなぜ関わるのかでなく、その活動がどのように組織化されたかに注目することがこの立場の最初の問い方である。

先のニートの例でもう一度考えてみよう。社会構築主義の問い方に従えば、ニートが若者の就業問題（社会問題）であるという場合、これが社会問題であって解決すべきであると認識し、クレーム申し立てをする観察可能な人とその活動があることにその根拠を求める。換言すれば、研究者や政府関係者などの活動と、そこに関わる人たちの意味づけによって社会問題となり、逸脱者が生み出されるとみる。この際、問題とされる状態についての評価は行わない。「景気が思わしくないため企業側の採用選考が厳しくなり、若者の失業率が高くなる中でニートが増大している」=「社会問題」とは必ずしもみないわけだ。

つまり、クレーム申し立ての外部に客観的な社会問題はないということになる。この立場は、実践的な関心というより、クレーム申し立て活動の記述と分析を通じて事実や価値の判断を行うということになる。社会構築主義の立場による逸脱研究が、これまでの一連の研究に大きな衝撃をもたらしたことは確かである。

4 改めて「普通」とは

「普通の家庭の子どもが人をナイフで刺した」。少年非行（犯罪）に関わってたびたび聞かれるこの奇妙な表現をどのように受けとめたらいいのだろうか。逸脱研究の従来からの考え方にたてば、「普通でない」のであれば、ある程度理解できそうな現象も、「普通のサラリーマンの家庭の子どもで、手がかからず成績も良い子」が事件を起こしたとなれば、そのことを理解するのは簡単でない。この場合、とりあえず私たちが取っかかりをつかむとすれば、「普通」のなかみを探ってみることである。何をもって「普通」とみるのか。「普通」なるものがどのように生み出されているのか。「普通」がズレてきているのか。そしてまた、自明視されている近代家族は「普通」なのか等々。

すると、例えば「普通」とは異なった「あくなき個性」を追求している子どもの姿が析出されてくるかもしれない。あるいは、「みんなでいても、それぞれの思いとふるまい。それでいて、みんなでいることは崩さないし、＜みんな＞という演出がほしい」(富田・藤村:1999)ことを示す「みんなぼっち」という若者の新たな姿がみえてくるであろうか。また、経済社会の変動に伴って生活の単位が個人化しているため、形式的には近代家族を装っていても、そのなかみはかなり多様化していることに気づくかもしれない。

そして、そのような中から社会規範に同調しない少数の人たち(マイノリティ)が、なにゆえ逸脱とみなされ、どのようにして逸脱者として生み出されてくるのかを見定めることが、逸脱の社会学にとっては重要である。その視点は、私たちの暮らす社会に注目するか、または他者との関係に注目するか、さらには逸脱者本人の動機の理解に注目するかによって、いろいろであり得る。

そもそも社会生活に逸脱はつきものである。ただ、外国籍の小学生がピアスをつけて登校することは、母国で問われなくても日本で規則違反となるように、同じ行動で逸脱とみなされることもあれば、同調ともなる。これは同一社会内や同一集団内でも十分に起こり得る。リコール問題(届け出義務違反)で自動車販売台数が激減している大手自動車メーカーの場合、リコール制度に反した逸脱行為がもとで大きな社会的制裁を受ける結果となっているが、リコール制度自体は上位法との関係で徐々に改正されてきていて、逸脱行為のあらわれ方は背景や時期によって異なるといえる。

逸脱が脱逸脱へと転換する可能性はこれまでの事例からも知られているが、いずれにしても、まずは厚みのある逸脱研究の既存資料を読み解くことから始め、それでも分からないことや疑問があれば、調査や事例研究のような実証的方法を用いて調べてみる手法がある。

【引用・参考文献】

- 宝月誠『逸脱とコントロールの社会学』有斐閣, 2004.
- 碓井崧ほか『社会学の理論』有斐閣, 2000.
- 早坂裕子・広井良典『みらいを拓く社会学』ミネルヴァ書房, 2004.
- キツセ, J.I. & スペクター, M.B.『社会問題の構築』村上直之ほか訳, マルジュ社, 1990（原著, 1977）.
- 中河伸俊『社会問題の社会学』世界思想社, 1999.
- ベッカー, H.S.『アウトサイダーズ』村上直之訳, 新泉社, 1978（原著, 1963）.
- 奥井智之『社会学』東京大学出版会, 2004.
- 庄司洋子ほか編『福祉社会事典』弘文堂, 1999.
- ヴェーバー, M.『支配の社会学Ⅰ』世良晃志郎訳, 創文社, 1960（原著, 1956）.
- 井上實ほか『生活問題の社会学』学文社, 1995.
- デュルケーム, É.『社会分業論』井伊玄太郎訳, 講談社学術文庫, 1989（原著, 1893）.
- デュルケーム, É.『自殺論』（世界の名著47）宮島喬訳, 中央公論社, 1968（原著, 1897）.
- マートン, R.K.『社会理論と社会構造』森東悟ほか訳, みすず書房, 1961（原著, 1949）.
- 富田英典・藤村正之『みんなぼっちの世界』恒星社厚生閣, 1999.
- 法務省『犯罪白書』平成15年版.
- 平成16年版『青少年白書』.

第 8 章

成熟社会における社会福祉

久門道利

1

第2次世界大戦により廃虚と化したわが国が、
社会福祉を中心として成熟社会に向けて、
社会生活の基盤整備を進める過程を理解する。

2

21世紀の新しい社会を生き抜く人々を支援する
社会福祉の枠組みが、
「社会福祉基礎構造改革」によって、どう形成されたかを学ぶ。

3

わが国の社会福祉、なかでも
高齢者保健福祉対策、少子化対策、障害者対策が、
どのような社会福祉計画によって大きく飛躍したかを学ぶ。

1 成熟社会の社会福祉のあるべき姿を求めて

1．戦後の社会復興と社会福祉

第２次世界大戦により、廃虚と化したわが日本の社会はまさにゼロ化した社会経済状況から再出発することを余儀なくされた。まさに社会復興という言葉がピッタリ当てはまる社会状況下（敗戦後10年間は非常に混乱した時代であった。戦争によってわが国は185万人の尊い人命とともに多くの物資を失い、巷には多くの罹災者、浮浪者があふれた。1945年の国民実質所得は1935年の約半分であり、戦争直後の人々の生活が如何に困窮していたかが想像できる）にあった。

戦争によるゼロ化した社会経済状況からの復興は、一般の社会開発・発展とは異なった、社会復興・再建の理念と目的、ならびに、その方法が問われたのである。

わが国の社会復興・再建の理念と目的は日本国憲法（昭和21年公布）の前文に明記され、そこには「恒久の平和」が掲げられ、安全と生存の保持のために「日本国民は、国家の名誉にかけ、全力を挙げてこの崇高な理想と目的を達成することを誓ふ」とされた。当然のことながら、この「恒久の平和」は、わが国のみでなく国際平和も含まれ、「世界の国民が、ひとしく恐怖と欠乏から免かれ、平和のうちに生存する権利を有することを確認」したのである。

日本国憲法の特徴の一つに、憲法第13条（個人の自由）と第25条（国民の生存権、国の保障義務）がある。第13条は「すべて国民は、個人として尊重される。生命、自由及び幸福追求に対する国民の権利については、公共の福祉に反しない限り、立法その他の国政の上で最大の尊重を必要とする」とされ、また、第25条は、「すべて国民は、健康で文化的な最低限度の生活を営む権利を有する。②国は、すべての生活部面について、社会福祉、社会保障及び公衆衛生の向上及び増進に努めなければならない」と謳っている。このように憲法で、国は個人の自由と国民の生存権を保障するとともに、国民の義務を規定した。

政府は、そうした憲法の制定を図ることを念頭にいれながら、連合軍司令部の指導の下に、当時、社会の最大課題である生活困窮対策として1945年12月に「生活困窮者緊急生活援護要綱」を発表した。そして困窮度の著しく高い人々に対し、とりあえず生活に欠かせない衣食住と医薬品の提供を行なったのである。さらに1946年には（旧）生活保護法が、①生活困窮者の保護の責任が国にあること、②保護が無差別平等であること、③国民の最低生活を保障することを理念として制定された。翌1947年には、児童が心身ともに健やかに生まれ、且つ、育成されるように、そして、すべての児童がひとしくその生活を保障され、愛護されなければならないこと、を理念として児童福祉法が制定された。さらに、身体障害者（満18歳以上）に対して、1949年その更生を援護する目的を持つ「身体障害者福祉法」が制定された。同法の対象者は視聴覚障害、言語障害、運動障害に限られ、内臓障害者などは除外された。また、更生についても対象となる障害者の職業能力の回復に重点が置かれ、身体障害者が職業的、経済的な自立にとどまらず、人間として尊厳をもって日常生活が行なえるというような配慮はされていなかった。たとえ法の対象になっていたとしても生活や雇用の充分な保障がなかったのである。その後、1950年に現行の新生活保護法が制定され、1951年に社会福祉事業法（社会福祉事業の全分野にわたる共通基本事項を定めたもので、その後社会福祉活動は原則的にこの法の範囲内で展開されることになっている。法改正も何度か行なわれ、2000（平成12）年6月に「社会福祉法」に改称）が施行され、同法の規定により福祉事務所が社会福祉事業を専門的に扱う行政機関として発足した。

このように、敗戦から1950年代の初期までに成立・施行した法律、いわゆる福祉三法（生活保護法、児童福祉法、身体障害者福祉法）といわれる法が対象としている要援護性（社会的ニーズ）の性格は、生活困窮・貧困問題であり、また、児童、身体障害者等の援護・育成を要する者で、法の建前は別にして実際の社会政策課題は、巷に溢れた戦災孤児や貧困家庭等の児童の保護・育成であった。身体障害者は実際は傷痍軍人や戦争被災による障害者保護にあった。

ちなみに1956（昭和31）年の「経済白書」が“もはや戦後ではない”と指摘したように、1950年代後半以降になると産業化も徐々に進み、国民生活と社会福祉の財政的基盤が徐々に向上する。さらに1960年代に高度経済成長を迎え、わが国の社会福祉は拡充していった。

1960年以降の社会福祉の拡充をみる前に、社会福祉とは何か、をみておくことにする。

2．社会福祉のさまざまな意味

わが国の社会復興・再建は、憲法の定めに基づいて行なわれることになった。この憲法には、それまでの日本語に見られなかった社会福祉（social welfare）という言葉が使用された。社会福祉という言葉の概念は、非常に多義的であり、先に示した憲法25条の第２項にあるように、社会福祉は社会保障、公衆衛生と同列に位置づけられ、当然のことながら、まだ実体のない理念・目標として規定されたのであった。その後、次第に国民の間にもその言葉は浸透し、さまざまな意味で使用されるようになった。今日では、次の二つの意味で用いられることが多い。

●実体概念としての社会福祉

第一に、一般に実体概念といわれているもので、その意味は、社会成員の現実の社会生活を維持・向上、あるいは社会生活上の諸問題の解決を図ることを意図して行なう一連の活動・制度・政策などを意味するものとして捉えていこうとするものである。社会福祉を客観的・具体的に捉え、それを改善・発展させていくために、社会福祉という用語は一般的に、このような意味で使用されている。この実体概念の場合、さらに広義と狭義に大別される。

図１　社会福祉と関連施策との関係

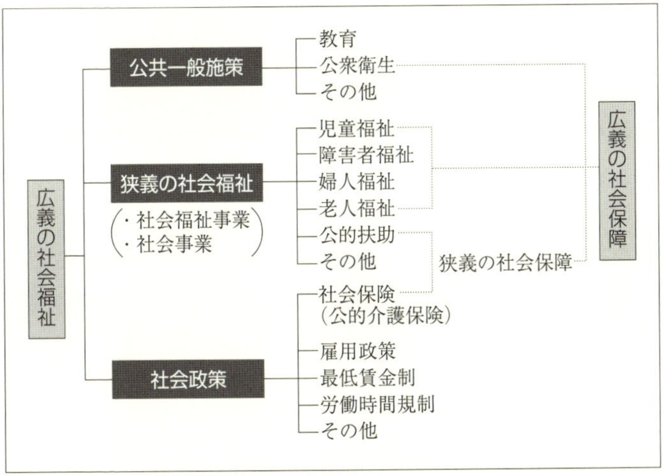

広義の捉え方は、社会福祉を他の関連領域との関係、とりわけ社会保障との関係が問題となり、社会保障をどう捉えるかにかかっている。社会福祉を広義に捉える立場（アメリカやイギリスなどに多い）は、**図1**「社会福祉と関連施策との関係」に示したように、社会保障、公衆衛生、教育、労働、その他、生活関連の公共諸施策の総称とする見解である。

狭義の捉え方は、社会保障（広義）を社会福祉の上位概念として包括的に捉える考え方で、社会保険（公的介護保険を含む）、公的扶助、社会福祉（狭義の社会福祉）、および公衆衛生から構成される諸制度の体系とみなす考え方である。もう一つは、社会保障を社会保険（公的介護保険を含む）とそれを補完する公的扶助からなる所得保障の制度とみなす立場（狭義の社会保障）である。そうなると公的扶助が社会福祉と社会保障の両方に帰属するという問題が生じることになる。

わが国では、この狭義の立場をとる研究者が多い。その理由は、1950（昭和25）年に提出された社会保障審議会の『社会保障制度に関する勧告』においても社会福祉の対象者を「国家扶助の適用を受けている者、身体障害者、児童、その他援護育成を要する者」としていること、そして1951（昭和26）年制定の「社会福祉事業法」においても、同法３条（社会福祉事業の趣旨）で、「社会福祉事業は、援護、育成又は更生の措置を要する者に対し、その独立心をそこなうことなく、正常な社会人として生活することができるように援助することを趣旨として経営されなければならない」として、社会福祉事業と社会福祉を同義語に捉えているところから、社会福祉の意味を狭義に捉えているといえること、さらに広義に捉えると、社会福祉の性格が曖昧になる、という懸念もある。しかし、社会福祉の意味を伝統的に、あるいは曖昧さが生じることがあったとしても、社会は絶えず変化するもので、それに近年の激動の時代といわれる社会状況下においては、狭義に社会福祉を固定的に捉える考え方に固執すれば逆に問題を抱えることもある。

●目的概念としての社会福祉

第二は、社会福祉を「目的概念」として使用する場合である。これは、社会福祉という用語を、社会生活における人間の幸福や維持・向上を図るために行なわれる全ての活動・制度・政策などが、共通の目的とすべき理想的な状態を意味するものとして使用する場合である。単に「福祉」という用語で使用されることもある。この場合、社会福祉に相当する英語は、social wel-beingに相当するといってもよい。

確かに社会生活における理想的な状態を想定して、生活を改善・追求すること、さらに社会福祉が目指す理想的な状態を明確にすることは社会的に意義深いことはいうまでもないが、他方、抽象的あるいは観念的になる恐れもある。

以上、大別して二つの社会福祉の意味をみてきたが、社会福祉という用語を使用する、あるいはされている場合、その意味に留意しておく必要がある。

3. 1960年代以降の社会福祉の展開過程

●高度経済成長期の拡充する社会福祉

1960代になり、わが国は高度経済成長を経験した。それまでの戦後社会復興の時代に終止符を打ち、新しい時代・社会を迎えた。急激な産業化、都市化が進み、家族の形態・構造の変化が進み、社会の大きな転換期となった。それは1962(昭和37)年10月に策定された日本の将来図の一つである「全国総合開発計画」の策定背景に、①高度経済成長、②過大都市問題、③所得倍増計画、が挙げられていることからも明白である。ちなみにこの計画の基本目標は地域間の均衡ある発展であった。また、開発方式は拠点開発方式になっていることからも地域間に生活の格差はあるが、生活水準は確実に向上していた。

「全国総合開発計画」に続いて、1969（昭和44）年5月にだされた「新全国総合開発計画」の背景をみると、①高度経済成長、②人口、産業の大都市集中、③情報化、国際化、④技術革新の発展、が挙げられ、開発方式は大規模プロジェクトによる列島改造であった。このような総合開発計画が立てられる社会・経済基盤に支えられて、生み出された社会福祉制度を次に見てみよう。

社会復興期の社会福祉は、前述したように貧困対策であった。高度経済成長期の前半の社会福祉は福祉六法による救貧・防貧対策であった。具体的にみると、精神薄弱者福祉法（1960年制定、1998年に知的障害者福祉法に改称）、老人福祉法（1963年）、母子福祉法（1964制定、1981年に母子及び寡婦福祉法に改称）、の三法が矢継ぎ早に制定され、復興期の50年代までの三法と合わせて六法時代が到来した。また、国民皆保険（1961年）も実現している。

この時期に制定された法律は、急激な産業化・都市化による社会変動に取り残された、低所得階層の人々を対象とした法制度であったといっても過言ではない。

高度経済成長後期、いいかえれば1960年代後半から第一次オイルショックが起こった1973年頃までであるが、この時期になると、高度成長期前半の低所得階層に対する対策の一貫として、特別児童扶養手当法（重度精神薄弱児扶養手当法の改正：

1966年)、身体障害者相談員、家庭奉仕員等の創設(1967年)、国保7割給付(1968年)、心身障害者対策基本法制定(1970年)、児童手当法制定(1971年)、70歳以上の老人の医療費無料化開始(1973年)など、挙げればきりがないほど社会福祉に関係する諸施策が人々の多様化する社会的ニーズに対応するために実施された。

社会的ニーズは、貨幣的ニーズから非貨幣的ニーズに移り、貧困とか低所得といった経済的要件と結びついた社会的ニーズを持つ人々への自立助長と支援というだけでなく、経済的な援護だけでは解決できない社会的ニーズへの対応が求められるようになった。それもこれまでは、何らかの理由で要援護状態になった個人や世帯を対象に、その自立を支援する活動が基本であったが、それだけでなくその上に非貨幣的ニーズが増大するにつれ、社会福祉サービスは自然と個々の生活ニーズ充足に向かった。いわゆる対人社会サービスといわれるものである(三浦:2004)。こうしたサービスが今後一層増大することになる。

●安定経済成長期から80年代にかけての社会福祉

オイルショックを契機に高度経済成長が終わり、低成長、安定経済成長へと転換した。それにより社会福祉の「見直し」が迫られた。この福祉見直しは、第二次世界大戦直後に原型がある程度作成され、高度経済成長で基盤整備を行ない拡充した社会福祉の内容を大幅に見直し、90年代の「福祉改革」に繋げるというものであった。

この福祉見直しの必要性は、第一に、高度経済成長から低成長、安定経済成長に経済転換が行なわれたことにより、財政的状況が厳しくなり、福祉といえども聖域ではなく歳出抑制が求められた。政府は福祉予算の削減を行ない、社会福祉関係各法の国家負担率を1985年から次々と引き下げた。

必要性の第二は、社会福祉理念の揺らぎである。具体的には、福祉三法の時代から社会福祉は、国による援護、育成及び更生を生活を通じて実施するという概念のもとで行なってきたが、国際障害者年（1982年）を契機に、社会福祉の理念が「ノーマライゼーション」になっていくのではないか、と思われるほど関係者に周知されてきたことである。また、在宅福祉、ボランティア活動、民間事業者の社会福祉事業への参加などが活発になってきたことにも起因している。

そうした社会福祉の趨勢と、従来の社会福祉概念に基づく福祉実践の高齢化社会における有効性についても検討されはじめた。その作業過程で新しい人材確保対策ということで1987（昭和62）年「社会福祉士及び介護福祉士法」が制定された。

一方、1982年に老人保健法が制定され、さらに1986年に一部改正され、新たに「老人保健施設」が設置されることになった。1985年社会保障制度審議会は「老人福祉のあり方について」で、福祉サービスと医療サービスの一体化を強調したのも、きたるべき超高齢化社会に向けての抜本的な改革のステップとしての認識にほかならなかった。それが証拠に1989年厚生省の福祉関係審議会合同分科会は、「今後の社会福祉のあり方について」の意見具申を行なっている。この意見をもとに次の福祉改革に向かったのである。

●成熟社会に向けての社会福祉改革とその後の対応

A．成熟社会に向けて

成熟社会（mature society）というのは、ガボール（Dennis

Gabor）が1972年に同名の著書で提唱した概念である。わが国にも翌年、翻訳され紹介された（林雄二郎訳：1973）。この成熟社会は、わが国を始めとして先進国の多くの国々が辿った経済発展を最優先するこれまでの社会とは違い、持続的、安定的な経済成長と国民生活とがバランスのある質的向上を目指す、一つの理想的な社会像といえる。

そうした成熟社会という理想的な社会像が提唱される背景には、先進諸国が既にめざましい近代化や工業化が進み、物質的な生活水準の向上がある程度達成されたにも関わらず、環境破壊や公害、そして世界の社会資源の多くを世界のごく一部の先進諸国によって枯渇させてしまったという事実、さらに、それらの諸国が二度と高度経済成長は困難であるという認識があった。

ガボールの『成熟社会』が出版された同じ頃、ベル（Daniel Bell）の『脱工業社会の到来』（1973）が出版されている。彼は、60年代以降の先進工業社会の社会変動の研究を基に、財貨生産経済からサービス経済への移行を説き、専門職・技術階層の優位性で、工業化社会から脱工業化社会へ移行すると未来学的見地から説いた。未来学的見地ということではガボールも同じである。

ガボールの理想的社会像である成熟社会の実現に向けて、世界的に未曾有の少子高齢社会であるわが国のおかれている現状を鑑みながら、経済的発展のみにとらわれない社会福祉の充実が望まれた。そこで1985年頃までの社会福祉のあり方に対して社会福祉改革が85年以降進められることになった。

B．社会福祉改革とその後の対応

金銭給付だけでなく在宅福祉サービスを中心とする基盤

整備が必要とされて、1980年代半ば以降、1990年の「福祉関係八法の改正」に繋がる制度改革を総称して社会福祉改革または福祉改革という。戦後40年を経て、社会福祉の新たな展開が始まり、従来とは異なった社会福祉システムの構築化が進められることになった。この改革の潮流は、1981年に設置された「第2次臨時行政調査会」の行政活動と関係している。前述したように、1985年度の予算削減に始まり、社会福祉関係各法の負担率引き下げなどがこれに繋がる。しかし、福祉改革を推し進めた要因は何といっても急速な高齢化の進展である。この高齢化に対応していくためには、当然のことながら、専門的なサービスを提供できる人材の育成と確保が重要であって、社会福祉専門職の初めての国家資格の法制化である「社会福祉士及び介護福祉士法」(1987年)が制定された。

さらに厚生省の福祉関係三審議会は、1986年以降、社会福祉のあり方をめぐって議論した結果、1989(平成元)年に「今後の社会福祉のあり方について」の意見具申を行なった。ここでは、分権化を背景にした国と地方自治体との新たな関係、在宅福祉サービスの拡充、民間のシルバーサービスの育成などが盛り込まれ、次の改革である1990年の「社会福祉関係八法」(老人福祉法、身体障害者福祉法、精神薄弱者福祉法・1999年4月より知的障害者福祉法、児童福祉法、母子及び寡婦福祉法、社会福祉事業法、老人保健法、社会福祉・医療事業団法)の改正の見取り図の役割を果たすものとなった。

また、国は高齢者福祉を充実するために、社会福祉計画の柱の一つである「高齢者保健福祉推進10カ年戦略(ゴールドプラン)」(1989年)を策定した。そこには高齢者の生活を支えるサービス、施設数、人員等の整備目標を具体的に示した。

さらに、国は先にみたように「今後の社会福祉のあり方」

で示された見取り図を基に、高齢者福祉の具体的な整備目標達成のために、「福祉関係八法の改正」(1990年) を行なった。

改正した内容は、①高齢者福祉及び身体障害者福祉に関する事務を市町村に統合したこと、②在宅生活支援事業を関係福祉法に法定事業として定め、社会福祉事業として位置づけたこと、③老人福祉計画及び老人保健計画の策定を都道府県及び市町村に義務づけたこと、④社会福祉・医療事業団による社会福祉事業助成策を強化したこと、⑤共同募金の配分規制を緩和したこと、⑥社会福祉協議会の機能を強化したこと、などがある。このなかでも、高齢者福祉事業及び身体障害者福祉事業の市町村による運営と老人福祉計画と老人保健計画を合わせた老人保健福祉計画の策定に関しては、わが国の社会福祉の政策上特筆すべきことであるが、他方、地域社会の財源問題や人的資源など地域の負担が重くなり、新たに地域格差の問題を抱えることになった。その「福祉関係八法の改正」の完全実施は1993年であった。

また、21世紀に向けて、急速に進む少子・高齢社会への対応も国民的課題であり、今後わが国が目指すべき社会の「福祉ビジョン」(社会保障を中心に、雇用、住宅、まちづくり、教育政策を含めた総合的な福祉ビジョン) が1994年に高齢社会福祉ビジョン懇談会でとりまとめられた。同年、国は少子化社会に対応した子育て支援の「エンゼルプラン」を、そして、高齢者福祉充実のための「新ゴールドプラン」を、翌年 (1995年)「障害者プラン」と2年間に少子・高齢者・障害者の三つのプランを矢継ぎ早に出し、三位一体的な効果を発揮することをねらった。また、それと同時期に、障害者基本法 (1993年)、地域保健法 (1994年)、「精神保健福祉法」(1995年) も策定され、21世紀に向けての社会福祉の枠組みが一応整えられた。

しかし、その後、少子化が急速に進み、政府はその対策を一体となって進めるために、少子化対策推進関係閣僚会議を1999年に設置した。今後の施策の適切かつ効果的な推進を図るために、政府が中長期的、総合的な少子化対策の指針として同年にだしたのが「少子対策基本方針」である。そのなかの重点施策の具体的実施計画で、大蔵、文部、厚生、労働、建設、自治、の６大臣の合意により、同年に策定されたのが「新エンゼルプラン」である。このプランの内容については社会福祉計画のところで具体的に述べるが、まさに少子化対策は、わが国をあげて取り組むべき最重点施策の一つであるといえる。

少子化対策に対して、他方、高齢者対策では「高齢者保健福祉推進10カ年戦略」（新ゴールドプラン）に次いで、1999年に政府は「今後５カ年の高齢者保健福祉施策の方向」（ゴールドプラン21）を策定した。深刻さを増しつつある高齢者問題、なかでも介護問題は、家族形態、家族機能の変化、そして女性の社会参加など多様な要因によって深刻な様相を呈している。そこで介護問題に対して、国民が効果的な対策を希求した結果、とられた対策が介護保険法（1997年制定、2000年実施）であった。この法律の実施にあたっては保険料、自治体格差など、多くの問題を抱えながら実施5年後に見直すことを条件に施行した。

これまでみてきたように、戦後50年を経るまでに、国は社会福祉についてのさまざまな法の制定や改正、そして社会福祉計画を策定し、実施してきたが、改めて、21世紀の新しい社会福祉の枠組みを構築し、これまでの社会福祉のあり方を大きく転換させるために1990年に社会福祉基礎構造改革を行なうことにした。

2　21世紀の新しい社会福祉構築のための社会福祉構造改革

この改革には、わが国の社会福祉が戦後、特定の困窮者の保護・救済を目的として出発し、その後の経済成長に合わせて59年間拡充してきた福祉の基礎構造では、これからの全国民を対象とし、その生活と安定を支える役割を期待されている福祉に対応できない、という背景が存在した。

成熟社会では、自己責任が基本であり、自立した個人の生活を前提とした社会的連帯の考え方に立った支援システムの整備とその確立が求められる。今日の高度で、複雑な社会生活における社会福祉は、「さまざまな問題が派生するが、自己努力だけでは解決できない状況におかれた場合でも、個人が尊厳を持って家族や地域のなかでその人らしい独立した生活が送れるよう支援すること」を目的とする（『社会福祉の動向』2001）。

改革の背景と理念は以上であり、改革の３本柱は、次の

①個人の自立を基本に、その選択を尊重した制度の確立

②質の高い福祉サービスの拡充

③地域での生活を総合的に支援するための地域福祉の拡充

である。つぎに示す改革の趣旨と内容で、改正等の対象となる法律は、社会福祉事業法（社会福祉法に改正）を始めとする８法である。

1．利用者の立場に立った社会福祉制度の確立

●福祉サービスの利用制度化

措置制度から契約制度へ――利用者が事業者と対等の関係

に移行することで、両者間に法的な権利・義務関係が生じる。サービスの利用費用についてもサービスの内容に応じた公的助成を行ない、また、利用者にも負担能力に充分配慮した費用負担を求めるが、利用制度への移行により工費負担が後退しないよう配慮する。

〔改正内容〕

身体障害者福祉法等の改正――福祉サービス提供方式の変更――措置制度から支援費支給方式（利用者が事業者と直接契約し、市町村が利用者に対し支援費を支給すること）へ。

●利用者保護制度の創設

契約制度になった場合、利用者が何らかのハンディキャップを負っている等の事情がある場合に、事業者との関係を対等なものにしていくために、利用者のサービス利用を支援する制度の整備・充実の必要がある。

〔改正内容〕

- 地域福祉権利擁護制度
- 苦情解決仕組みの導入
- 利用契約についての説明・書面交付の義務づけ
- 誇大広告の禁止

2. サービスの質の向上

●良質なサービスを支える人材の育成・確保

福祉サービスの質の確保のためには、必要不可欠な課題であり、特に福祉の専門職として国家資格である社会福祉士、介護福祉士の質の向上を図る必要がある。

〔改正内容〕

- 保険医療との連携や介護保険制度の実施に対応した教育

課程の見直し
- 実習教育の強化、卒後教育の充実

●福祉サービスの質の評価

利用者のサービス選択の判断材料、さらに事業者が自らサービスの改善を図る指標として、一定の客観的な評価基準によるサービスの評価を推進する。

〔改正内容〕
- 社会福祉事業経営者についてサービスの自己評価などにより質の向上に努めなければならない旨の責務を社会福祉法上に規定する。
- サービスの質を客観的に評価する第三者機関の育成を図る。

●事業の透明性の確保

利用者の福祉サービス市場への信頼の保持や利用者のサービス選択に資するため、社会福祉事業経営者等による情報公開・情報提供を促進する。

〔改正内容〕
- 社会福祉事業経営者によるサービス内容に関する情報提供の努力義務
- 財務諸表
- および事業報告書の開示の社会福祉法人に対する義務づけ
- 国、地方公共団体による情報提供体制の整備に係る規定を社会福祉法上に新設する。

３．社会福祉事業の充実・活性化

●社会福祉事業の範囲の拡充

社会福祉事業として存続する意義が薄れてきているものがある一方、自己決定能力が低下している者などの権利擁護のために無料または低額な料金で相談援助を行う事業、障害者の情報伝達を支援するための事業など、新たに社会福祉事業として位置づけるべき実体が生じている状況を踏まえ、社会福祉事業の範囲を見直す。

〔改正内容〕

以下の９事業を社会福祉事業として位置づける。

- 福祉サービス利用援助事業
- 身体障害者相談支援事業
- 知的障害者相談支援事業
- 障害児相談支援事業
- 身体障害者生活訓練事業
- 手話通訳事業
- 盲導犬訓練施設
- 知的障害者デイサービス事業
- 知的障害者デイサービスセンター

公益質屋を経営する事業については、社会福祉事業から削除する。

●社会福祉法人の設立要件の緩和

増大・多様化する住民の福祉ニーズに的確に応えることができるように小規模作業所など地域におけるきめ細かな福祉活動の推進。

〔改正内容〕

- 障害者の通所授産施設の規模引下げ
- 資産要件の緩和

●社会福祉法人の運営の緩和

利用料収入の使徒について、会計制度の改正を始め社会福祉法人の経営のあり方を抜本的に見直す。

〔改正内容〕

- 施設ごとの会計区分を弾力化し、法人単位の経営を確立すること
- 利用制度化した事業については、利用料収入を施設整備費の償還にあてることを認める
- 行政監査の重点化・効率化を図る

等の運用の見直しを行なう。

4．地域福祉の推進

●地域福祉計画の見直し

地域における公私の福祉組織の協働のもと、住民の社会福祉に関する活動への積極的参加による地域に根ざした福祉社会づくりの推進のため、都道府県および市町村のそれぞれを主体とし、住民が参加して策定される地域福祉計画を導入する。

〔改正内容〕

社会福祉法上に市町村地域福祉計画および都道府県地域福祉支援計画に関する規定を設ける。

●社会福祉協議会、共同募金、民生委員の活性化

各市町村にある市町村社会福祉協議会、各都道府県にある都道府県社会福祉協議会は、今後、地域福祉の推進を図るうえで重要な存在となるため、その点を法律的にも明確にしていく必要がある。

共同募金については、集められた寄付金の配分の公正性を担保するために事業の透明性の向上が必要になる。また、地域福祉の推進のため、寄付金をより重点的、効果的に配分で

きるようにしていくことが必要である。

民生委員については、住民が安心して暮らせるような支援を行う者として明確に位置づけていく必要がある。

〔改正内容〕

- 社会福祉協議会の活性化
- 共同募金の活性化
- 民生委員の活性化

5．その他の改正

①社会福祉施設職員等退職手当共済法の改正

②公益質屋法の廃止

③生活保護法の改正

以上が、社会福祉基礎構造改革の内容である。

6．社会福祉基礎構造改革の達成に向けて

社会福祉基礎構造改革は、まさに、戦後50年の社会福祉の基礎部分（社会福祉事業、社会福祉法人、措置制度等）の抜本的な改革をねらいとしたものである。今後増大・多様化する国民の福祉ニーズに対応していくためには、見直しが必要になり、改革が進められている。

介護保険制度（2000年４月施行）も、５年後の見直しを含めた円滑な実施、地方分権の推進、社会福祉法人の不祥事、財政問題など、この改革の早急な実施の必要性が存在した。

この社会福祉基礎構造改革による見直しは、実施までの準備段階を勘案して3段階になっている。

第１段階（本法案、平成12年6月公布・施行）

第２段階（平成13年4月1日施行）

身体障害者生活訓練事業、盲導犬訓練事業の社会福祉事

業への追加、助産施設および母子生活支援施設の入所方式の見直し、社会福祉施設職員等退職手当共済法の見直し。

第３段階（平成15年4月1日施行）

措置制度利用方式への変更、地域福祉計画の策定、知的障害者福祉等に関する事務の市町村への委譲に関する規定。

厚生労働省は法の改正と運用に関する見直しを同時に進めているが、これら改正や見直しについては、国民と社会福祉関係者の声がどれだけ反映されているかが問題である。福祉の主体者は国民である。

3 わが国の社会福祉計画

1．社会福祉計画の理解

社会福祉計画（social planning）には大別して2通りの考え方がある。一つは、政策方法論としての理解、もう一つは社会福祉援助技術の一分野としての理解である。

政策方法論としての考え方は、社会福祉の整備についての国の一般方針（マクロレベル）と日々の行政実務の間での行動指針となる中範囲（middle range）の政策として捉えられるものである。

ここで取りあげる社会福祉計画は、政策方法論としての社会福祉計画である。具体的には、高齢者福祉対策としての「新ゴールドプラン」、「ゴールドプラン21」を、少子化対策として「エンゼルプラン」、「新エンゼルプラン」を、また、障害者対策として「障害者プラン」をみることにする。

2.「新ゴールドプラン」と「ゴールドプラン21」

老後の健康と福祉についての対策を具体的に進めるために、1989（平成元）年に「高齢者保健福祉推進10カ年戦略」（ゴールドプラン）が策定された。そこで高齢者在宅福祉、施設サービスの具体的な整備目標が示された。ちなみに、その内容は、①市町村における在宅福祉対策の緊急整備、②「寝たきり老人ゼロ作戦」の展開、③在宅福祉等充実のための「長寿社会福祉基金」の創設、④施設の緊急整備、⑤高齢者の生きがい対策の推進、⑥長寿科学研究推進10カ年事業、⑦高齢者のための総合的な福祉施設整備、などであった。

これを受けて「老人福祉法」などが改正され、在宅福祉サービスの実施と推進の法制化、特別養護老人ホームへの入所決定権の市町村への委譲が決定し、市町村が在宅、施設福祉サービスの両方を実施できることになった。

また、市町村には地域の実態を踏まえた市町村老人保健福祉計画の策定が義務づけられ、都道府県には都道府県老人保健福祉計画を定めることとされた。

その後、実際に各自治体で計画を作成すると、実際のサービス需要に対応するためには、ゴールドプランの目標数値の見直しが必要となり、1994（平成6）年12月に「高齢者保健福祉推進10カ年戦略の見直しについて」（新ゴールドプラン）が策定された（**表1**）。

この新ゴールドプランは、「すべての高齢者が心身の障害をもつ場合でも尊厳を保ち、自立して高齢期を過ごすことのできる社会を実現していくために、高齢期最大の不安定要因である介護について、介護サービスを必要とする誰もが、自立に必要なサービスを身近に手に入れることのできる体制を

表1　2004（平成16）年度における介護サービス提供見込量

	（新ゴールドプラン目標） 1999（平成11）年度	2004（平成16）年度
訪問系サービス		
訪問介護 （ホームヘルプサービス）	—— 17万人	225百万時間 （35万人）*
訪問看護 　訪問看護ステーション	—— 5,000カ所	44百万時間 （9,900カ所）*
通所系サービス		
通所介護（デイサービス）／ 通所リハビリテーション（デイ・ケア）	—— 1.7万カ所	105百万回 （2.6万カ所）*
短期入所（ショートステイ）系サービス		
短期入所生活介護／ 短期入所療養介護	—— 6万人分 （ショートステイ専用床）	4,785千週 （9.6万人分 短期入所生活介護専用床）
施設系サービス		
介護老人福祉施設 （特別養護老人ホーム）	29万人分	36万人分
介護老人保健施設	28万人分	29.7万人分
生活支援系サービス		
痴呆対応型共同生活介護 （痴呆性老人グループホーム）	——	3,200カ所
介護利用型軽費老人ホーム （ケアハウス）	10万人分	10.5万人分
高齢者生活福祉センター	400カ所	1,800カ所

注　1）　2004年度（　）*の数値については、一定の前提条件の下で試算した参考値である。
　　2）　介護療養型医療施設については、療養型病床群等の中から申請を受けて、都道府県知事が指定を行うこととなる。
資料：「国民の福祉の動向」厚生統計協会,2004

構築する」ことを基本理念に掲げ、在宅・施設サービスの整備目標を引きあげるだけでなく、老人訪問看護ステーション、マン・パワーの整備目標が新しく設定され、介護サービスの基盤整備の枠組みが示された。しかし、新ゴールドプランの任期は1999（平成11）年で終わるが、その後も高齢化はますます進展し、増大する社会の介護ニーズに対応していくための基盤整備をどうするのか、という課題は残った。

そこで、その目標達成と介護サービスの基盤整備、および介護予防・生活支援を進めるために、1999年12月、「今後５カ年間の高齢者保健福祉施策の方向」（ゴールドプラン21）が策定された。

基本目標としては、①活力のある高齢者像の構築、②高齢者の尊厳と自立支援、③支え合う地域社会の形成、④利用者から信頼される介護サービスの確立、があげられている。

具体策としては、①介護サービス基盤整備、②痴呆性高齢者支援対策の推進、③元気高齢者づくり対策の推進、④地域生活支援態勢の整備、⑤利用者保護と信頼できる介護サービスの育成、⑥高齢者の保健福祉を支える社会的基盤の確立、があげられている。ゴールドプラン21には、2004（平成16）年度における介護サービス提供見込量（**表１**）が示された。

３．「エンゼルプラン」と「新エンゼルプラン」

少子社会の子育て支援策として、政府は「今後の子育て支援のための施策の基本的方向について」（エンゼルプラン）を、1994（平成６）年に策定し、実施した。

エンゼルプラン策定の背景は、1989（平成元）年に合計特殊出生率が1.57を切り、史上最低を記録したのが契機となって、少子化への歯止め策として検討された。少子化傾向をストップさせるためには総合的な子育て支援策が必要との認識から、横断的な取り組みを行い、具体的な数値目標を示し、

表2　新エンゼルプランで目標を掲げた事業の実績（厚生労働省関係）

	平成12年度	13	14	15	16	16年度 目標値
低年齢児受け入れの拡大	59.3万人	62.4万人	64.6万人	67.1万人	69.4万人	68万人
延長保育の推進	8,052カ所	9,431カ所	10,600カ所	11,702カ所	13,086カ所	10,000カ所
休日保育の推進	152カ所	271カ所	354カ所	525カ所	618カ所	300カ所
乳幼児健康支援一時預かり事業の推進	132市町村	206市町村	251市町村	307市町村	337市町村	500市町村
地域子育て支援センターの推進	1,376カ所	1,791カ所	2,168カ所	2,499カ所	2,786カ所	3,000カ所
一時保育の推進	1,700カ所	3,068カ所	4,178カ所	4,959カ所	5,651カ所	3,000カ所
ファミリー・サポート・センターの整備	116カ所	193カ所	262カ所	301カ所	344カ所	180カ所
放課後児童クラブの推進	9,401カ所	9,873カ所	10,606カ所	11,324カ所	12,188カ所	11,500カ所
フレーフレー・テレフォン事業の整備	39都道府県	43都道府県	47都道府県	47都道府県	47都道府県	47都道府県
再就職希望登録者支援事業の整備	24都道府県	33都道府県	47都道府県	47都道府県	47都道府県	47都道府県
周産期医療ネットワークの整備	14都道府県	16都道府県	20都道府県	24都道府県	30都道府県	47都道府県
小児救急医療支援事業の推進	51地区	74地区	112地区	158地区	185地区	13年度 360地区 （2次医療圏）
不妊専門相談センターの整備	18カ所	24カ所	28カ所	36カ所	51カ所	47カ所

資料：「国民の福祉の動向」厚生統計協会,2005

そして、概ね10年間で推進する方向性を示したのであった。

このプランの基本的視点は、①生み育てやすい社会環境の整備、②社会的支援システムの構築、③子どもの最善の利益確保、があげられている。

基本的な施策の方向として、①子育てと仕事の両立支援、②家庭における子育て支援、③子育てのための住宅および生活環境の整備、④ゆとりのある教育の実現と健全育成の推進、⑤子育てコストの削減の五つをあげている。

少子化はその後も続き、さらなる対策が必要ということで政府から1999（平成11）年に「重点的に推進すべき少子化対策の具体的実施計画について」(新エンゼルプラン)がだされた。

新エンゼルプランの目標は、①保育サービス等子育て支援サービスの充実、②仕事と子育ての両立のための雇用環境の整備、③働き方についての固定的な性別役割分業や職場優先の企業風土の是正、④母子保健医療体制の整備、⑤地域で子どもを育てる教育環境の整備、⑥子どもたちがのびのび育つ教育環境の実現、⑦教育に伴う経済的負担の軽減、⑧住まいづくりやまちづくりによる子育ての支援、があげられている。計画の最終年度である平成16年度に達成すべき数値目標が定められ、各取り組みが推進された（**表2**）。

4.「障害者プラン」と「新障害者プラン」

わが国の障害者福祉は、1981（昭和56）年の国際障害者年を契機に自立と社会参加が基本的な理念となった。この理念にそってさまざまな施策が拡充されてきた。この国際障害者年はノーマライゼーションの思想で「完全参加と平等」をテーマに、各地でさまざまな活動がくり広げられ、わが国においても、それ以降、障害者福祉施策は、施設中心の福祉から在宅・地域福祉へと大きく転換した。

1990年代になり、わが国の障害者福祉はさらに大きく進展した。その契機になったのは1993（平成５）年に制定された「障害者基本法」であった。

障害者基本法の基本理念を具体化するために1995（平成７）年に「障害者プラン―ノーマライゼーション７か年戦略―」が策定された。このプランは1996年から2002年までの７か年計画である。

障害者プランは、ノーマライゼーションとリハビリテーションの理念を踏まえて、次の７つの重点的推進をはかった。

①地域でともに生活するために、②社会的自立を促進するために、③バリアフリー化を促進するために、④生活の質（QOL）の向上を目ざして、⑤安全な暮らしを確保するために、⑥心のバリアを取り除くために、⑦わが国にふさわしい国際

表3　重点施策実施5か年計画（新障害者プラン）の推進

ホームヘルプサービス、デイサービスなど在宅サービスの推進

区　分	平成16年度 予　算	平成17年度 予　算	平成19年度 （新障害者プラン目標）
訪問介護員（ホームヘルパー）	約55,230人	約91,200人	約60,000人
短期入所生活介護（ショートステイ）	約5,060人分	約5,220人分	約5,600人分
日帰り介護施設（デイサービスセンター）	約1,300か所	約1,380か所	約1,600か所
障害児通園（デイサービス）事業	約10,000人分	約10,330人分	約11,000人分
重症心身障害児（者）通園事業	約240か所	約250か所	約280か所
精神障害者地域生活支援センター	約430か所	約440か所	約470か所

グループホームや通所授産施設などの住まいや働く場または活動の場の確保

区　分	平成16年度 予　算	平成17年度 予　算	平成19年度 （新障害者プラン目標）
地域生活援助事業（グループホーム）	約23,600人分	約30,710人分	約30,400人分
福祉ホーム	約4,240人分	約4,560人分	約5,200人分
通所授産施設	約69,590か所	約70,950か所	約73,700か所
精神障害者生活訓練施設（援護寮）	約5,960人分	約6,220人分	約6,700人分

資料：「国民の福祉の動向」厚生統計協会,2005

協力・国際交流。

　これらの事業は、1996年から取り入れられている。

　しかし、障害者基本計画の目標年次が平成14年度であるため平成14年12月には新しい障害者基本計画（新障害者基本計画）が閣議決定された。その基本理念は障害者基本計画のものを継承し、策定期間は平成15年から平成24年までであり、その基本的考え方は、社会構成員全体での取り組みを基本とし、国民誰もが相互に人格と個性を尊重し、支え合う「共生社会」の実現を計ることにある。また、施策推進の基本方針としては①社会のバリアフリー化の推進、②利用者本位の支援、③障害の特性を踏まえた施策の展開、④総合的かつ効果的な施策の推進という４つの横断的視点から設定され、重点的に取り組む課題として、①活動し参加する力の向上、②活

動し参加する基盤の整備、③精神障害者施策の総合的な取り組み、④アジア太平洋地域における域内協力の強化、の４つが、そして分野別施策としては、①啓発・広報、②生活支援、③生活環境、④教育・育成、⑤雇用・就労、⑥保健・医療、⑦情報・コミュニケーション、⑧国際協力の８つが挙げられている。

また、新障害者基本計画に沿って、平成15年から19年度までの基本計画の重点施策とその達成目標等を定めた「重点施策実施５か年計画」（新障害者プラン）が基本計画と同時期に出された（**表３**）。これに沿って障害者福祉サービスの基盤整備を図ることになる。

これまでみてきたように、高齢者の保健福祉対策の「新ゴールドプラン」、少子化対策としての「エンゼルプラン」、そして障害者対策としての「障害者プラン」「新障害者プラン」で、すべての分野における保健福祉の総合的な施策の進展がはかられた。社会福祉計画の有意義性を改めて認識する必要がある。

【引用・参考文献】

- 蟻塚昌克『入門社会福祉の法制度』ミネルヴァ書房，2004.
- 社会福祉の動向編集委員会編『社会福祉の動向2004』中央法規出版，2004.
- 三浦文夫編『福祉サービスの基礎知識』改訂新版，自由国民社，2004.
- ガボール，D.『成熟社会』林雄二郎訳，講談社，1973（原著，1972）.
- ベル，D.『脱工業社会の到来』上・下，内田忠夫他訳，ダイヤモンド社，1975（原著，1973）.
- 山口喜久・米山岳広編『生活論からの社会福祉』専門教育出版，1990.
- 小松源助ほか『社会福祉』系統看護学講座９，医学書院，2004.
- 『国民の福祉の動向』厚生統計協会，2004，2005.
- ミネルヴァ書房編集部編『社会福祉小六法』ミネルヴァ書房，2004.
- 庄司洋子・武川正吾・木下康仁・藤村正之編『福祉社会事典』弘文堂，1999.

第　9　章

社会学のあゆみ

杉座秀親

1

ここでは社会学の歩みをコントをもってはじめる。
この時期を社会学の第一期とし、
コント、スペンサー、マルクスが代表的な人物としてあげられる。
この世代は、社会には全体的ないしは歴史的に
進歩する法則がありそれを論証しようとした。
とりわけマルクスの学説は、20世紀後半まで大きな影響力をもった。

2

19世紀から20世紀初頭に活躍し、
社会学の英雄時代を築いたともいわれる
デュルケーム、ヴェーバー、ジンメルなどの著作で展開される
「個人と社会」に関する方法論やそのなかで使用されている術語群は、
現代の社会学のゆたかな水源となっている。
この区分を第二期とする。

3

現代の社会学が展開されている時期を、第三期と区分する。
この時期の中心点は、社会学の統一や
社会の体系化をめざしたパーソンズである。
彼の構造－機能主義の支配は1960年代後半にゆらぎ、
象徴的相互作用をはじめ、社会学の多様化をもたらすきっかけとなった。

19世紀の思想傾向を要約すれば、進化の考え方が一般的になったことである。1859年にダーウィン（Charles Robert Dawin）の『種の起源』の出版もあって、進化論が社会学にも強い影響を与えることになる。この書でいう「種」とは、ラテン語で「形式」を意味するといわれる。「進化の問題の核心は、そのなかで過程が進行する条件にしたがって、過程が形態（形式に同じ:筆者註）を決定することの認識である」（ミード：2002）のだ。これによると、産業化という条件のもとで一定の時間が経過すれば、ある社会形式は別な形式に変わってしまう可能性をもつということになる。初期の社会学において、進化を進歩と読み替える学説が多いのもそのためであろう。以下に採り上げる学説の多くは、そのなかに進化論をふくみ、これからやってくる社会の秩序を希望をもって語るか、あるいは失望にかたむいていくのか、という観点から読むことができる。今後、資本主義社会が深化すれば、形式すなわちここでいう社会はどのようにかわっていくのであろうか。今日までの社会学の時間の経過を順に三つにわけ、その代表的な学説とその変容をとりだすことにする。

1　第一期――コント、スペンサー、マルクス

1．オーギュスト・コント（Auguste Comte 1798〜1857）

社会学の創始者は、19世紀前半に社会学sociologie（英語ではsociology）という術語をつくったフランス生まれの哲学者にして数学者であったコントである。サン=シモン（Claude

Henri de Rouvroy de Saint-Simon）の秘書をして生きていたコントの時代は、フランス革命後の社会的混乱の時代であり、当時のイギリスでおこった経済危機の影響もあり、混乱した不安定な社会であったため、彼は社会不安の原因をつきとめ、安定した秩序の理論を確立しようとした。市民社会を近代的に再組織するために実証哲学を説いたコントは、社会の全体を対象としてとりあつかうことに関心をむけたのである。

コントは、自然科学を学んだあと、実証哲学（実証主義）の研究をはじめた。実証哲学は自然科学をモデルとし、コントはサン=シモンの説いた憶測から観察と推理にいたる経験主義をも含むこの哲学を信頼した。実証哲学は、事実の観察を重んじるだけの経験主義だけにとどまらず、さらに経験に合理的な思索をくわえた科学的実在論にちかい考えである。

したがって実証哲学を学んだコントは、自然法則をもとにして自然現象を解明する科学的方法を、社会全体の研究に応用したのである。コントはその学名を社会物理学とし、のちにこれが社会学といわれるのである。コントの目的は、混乱する社会の精神的無政府状態に新たな秩序と統一を与えようとしたことである。コントは旧秩序に回帰しようとする派と、すでに進行していた産業革命を支持する派が対立するなかで、神学的ないしは軍事的なタイプから科学的で産業的なタイプの社会構造への移行を、非連続的で不完全であるととらえた。そこで二つのあいだに形而上学的段階を取り込むことによって、移行の連続性を見いだし、人間精神の客観的法則を導きだそうとしたのである。法則は社会的事実を予測するものであるから「予見せんがために見る」ことを可能にする。したがって社会に秩序と統一を与える社会学は科学の頂点にたつのである。この論理からコントは社会の進歩の法則をうちたてる。最初は、せまい範囲の観察から想像力をはたらかせて超自然的世界に関連づけて現象を説明する神学的段階である。次に、神のかわりに思索の力ないしは推理をもって自然界の現象を述べる形而上学的段階をへて、社会現象を理性と自然科学の原理を応用して現象の関係のなかに法則をみいだすだけの、いわゆる経験的事実と合理的思索にそくして現象の間の関係を探求する実証的段階へと進む。この「三段階の法則」こそ、進化にほかならない。彼は、全六巻からなる『実証哲学講義』(1830-42) を著した。

2. ハーバート・スペンサー (Herbert Spencer 1820〜1903)

スペンサーはヴィクトリア時代の預言者とまでいわれた社会進化論の立場にたつイギリスの哲学者で、著作は西欧をはじめ海外に普及し、とりわけアメリカに受け入れられた。

彼は非英国国教徒であった両親のもとに生まれ、鉄道技師をしたあと、ジャーナリズムの世界に転身する。その後、彼の社会科学での名声をほしいままにする著作を出版する。著作は『社会静学』(*Social Static*,1851)、次いで『第一原理』(1862) からはじまって、『社会学研究』(*The Study of Sociology*,1873)、『社会学原理』(1876-96) など37年間にわたって刊行され、《総合哲学体系》全10巻としてまとめられた。

スペンサーの学説の底には、ダーウィン主義があり、産業革命の過程を進化だけで読み解いた。そこにみえる社会像とは、社会は成長しつつある生物有機体と類似しているというものである。つまり低次元の単純な構造の社会から高次元の複雑な構造へと社会は進化していく。個人がこの社会で成功を勝ちとりたいならば、つよい自意識をもって成功の仕組みを理解し、臨機応変な行動を身につけるという、「適者生存」

の個人主義こそふさわしいのである。スペンサーは、強制的協同からぬけだして勝ち抜いた個人の自発的に協同する社会こそもっとも理想とすべきであると信じていた。社会は「軍事型社会から産業型社会へ」進化をとげる。スペンサーは自由主義者の走りとして、またレッセ・フェールの社会経済的理論家としてその名を残している。

3．カール・マルクス（Karl Marx 1818〜1883）

マルクスは、まぎれもなく第一期の社会学者である。しかし、社会学者としてよりも、ドイツの生んだ社会思想家としてのほうが高名である。それというのも政治権力を徹底的に批判するマルクスの理論は、1917年のロシア革命によるソヴェト連邦の成立から1980年代後半のこの国家の崩壊まで、東西冷戦の下の第三世界もまきこみながら世界的な影響をもち続けたからである。

社会学におけるマルクスの位置は、唯物弁証法をもちいて、先行したあるいは同時代を生きた社会学者の学説と資本主義社会を批判したところにある。彼の著作のなかから社会学に影響しているものを採りあげると、産業社会と階級の分析である。マルクスはヘーゲル（Georg Wilhelm Friedrich Hegel）の弁証法を経済過程におきかえた。1807年に著されたヘーゲルの『精神現象学』によれば、個人の「意識は自分の本当の姿を自覚しているから限定つきの存在をみずから超えていく。そして、限定つきの存在も意識に属するものだから、意識は自分自身を超えていくといえる」という（ヘーゲル：1998）。自己限定とは、自己のなかでつねに同一性をたもとうとすることではなく、ある立場を否定していることである。ここで否定とは、限定している自己を別な自己に変えることであり、さらにこの対立が高い次元の自己（限定）におきかえるということである。マルクスはこのような意識発展を意識の力にだけでなく、よりひろく現実の経済過程のなかにおいた。すなわち人間は日々くりかえし発生する欲望をみたすためにモノを作りだす。そのためには一定の協同のあり方（生産様式）がある。この協同のあり方が変われば、その過程も（生産関係）変化し、それによってわれわれの社会意識も変わるのである。

マルクスは産業社会の分業という生産様式が、生産する手だて（生産手段）をもつ資本家と労働するための身体しかもたない労働者という生産関係から、階級を分析した。かれは歴史をふりかえると、人々は生産様式と生産関係において支配する側と支配される側にしばられるといった（史的唯物論）。古くから順に、奴隷制社会の奴隷主と奴隷、封建制社会の領主と農奴、そして資本主義社会の資本家と労働者となる。社会は、ヘーゲルのいうように、限定された社会のなかで否定がおこり、手だてをにぎって利潤を独占する少数の支配者たちと支配されそのために苦しむ多数の人々をあらわにする。こうして市民社会の分析に多大の貢献をし、理想の社会実現の運動にも参加したマルクスであったが、しかし、このような対立の消滅する共産主義社会へとつらなる「この運動は、社会の再組織化、未来の再組織化をめざすものであり、基本的に理想主義的な運動」（ミード：前掲訳書）であったことも否定できない。また資本主義社会の不平等を分析した学説は、価値判断と事実判断を混同しており、実証主義をとりいれるべきであるといわれる。しかし、例えば労働力と労働賃金の関係は、労働力を商品というものとして賃金というものと交換することだ。このように社会関係がモノとして現われることを物象化という。商品にかんするマルクスの分析は現在でも有効性をもっている。

ところでヘーゲル、マルクスに共通する弁証法を批判理論として今日に受け継いだフランクフルト学派をここにくわえておく。なかでもアドルノ（Theodor Wiesengrund Adorno）とホルクハイマー（Max Horkheimer）は、理性のなかにひそむ権力をあばいた。歴史的にみると、理性は神話とたたかいながら、「蒙《もう》を啓《ひら》いた」。しかし彼らはホメロスのギリシャ神話『オデュッセイア』を例にとって、理性には自己保存と贈与にかかわる交換という新たな神話がうまれると主張した。この理性の実践は、他者にたいして暴力をふるい犠牲を強いることになる。理性は「合理性」を基本とするが、それは暴力や犠牲から解放する理性ではなく、資本主義の効率を進める手段としての理性になってしまっている。彼らは、これを道具的理性として位置づけ、弁証法の論理のもつ否定の原理、すなわち非同一性を重んじた。どのような理性でも、それのもつ暴力と犠牲は人間を自由にしないという見かたをするからである。

2　第二期——デュルケーム、ヴェーバー、ジンメル

1．エミール・デュルケーム（Émile Durkheim 1858～1917）

すでに社会調査法の箇所でふれているデュルケームは、ユダヤ系の家系に生まれ、高等師範学校で学んだ後、ボルドー大学で社会科学と教育学を教えたあたりから、のちにパリ大

学で教育学、哲学、社会学の担当教授にあったあいだに『社会学年報』*L'Année sociologique*（1898～1913）を主宰した。この年報はフランスの社会学界でもっとも権威をもち、新たな社会学の方法と内容を打ちたてようとしたこの主宰者の学説を支持する人たちとともにデュルケーム学派を形成したのである。

デュルケームの社会学の方法論は「社会的事実が物としてとりあつかわれなければならない」（1978）ことに集約される。それは「心でよりも目で見る」方法、すなわち観察と実験によって社会的事実を理解することである。誰もが知っていることからはじまって、より深く研究をすすめることを基盤とした方法しか認めないということである。それはまた社会的現実をかえりみない理論的な方法や心理学にたよる理解の仕方を排することである。たとえば海外旅行者が増えたという事実を物としてみるということはどういうことなのだろうか。海外へあこがれる人が多くなった、ということだけではその事実を説明したことにはならない。海外旅行者の数が年々増えているという事実から現在までの統計にはじまって、各国への航空機の便数や航空路の開発、旅行形態や旅行者の年間のもっとも多いシーズン（存在様式）、あるいはまた滞在日数そして余暇や経済的なゆとりにたいする意識の変化、教育程度と外国語の習得、海外のメディアへの接触や海外旅行に関するさまざまな法的規制の緩和、他国の外貨獲得政策（作用様式）等々、これらの表象は個人を超えて外から与えられた統計的比率ないしは社会的事実である。そしてこの事実は確実に海外旅行者の増減という数値を左右する。ひるがえってそれらが個人を拘束する指標にもなる。このように個々人の考えの合計ではなく個人の外にあって個人を拘束する力を集合表象という。このような実証主義はコントの系列に忠実である。

複合的にかつ多次元的に社会的事実をとらえ緻密な論証を展開した先の『自殺論』は、自殺というありふれた個人的な事実から出発しながら、その現象は結果的に自殺率という「統計的な社会的事実」に影響されているという結論であった。デュルケームによれば自殺は社会的自殺であり、社会的凝集性の強弱に左右されるという。好況期あるいは不況期にはいると、経済面の規範的規制は低下をまぬがれない。ともすればそのとき、人々は社会の秩序をゆるめていく。しかも欲望は限りなくひろがり、それゆえ混乱もひどくなる。守るべき社会規範は欠落し、したがって崩壊や混乱を加速させ、人々を対立や闘争においやる。こうした社会的凝集性の極度に弱体化した無規範の状態をデュルケームは、アノミーとよんだ。社会的構造の変動によって弱体化した社会的凝集性は、個人の心理にも無秩序と無意味となって反映（拘束）する。デュルケームは統計と論証を重ねていくうちに、社会的凝集性の弱体化によって規範を失えば自殺にいたるアノミー的自殺という類型を導きだした。

アノミーの理論はすでに彼の変動論ともいうべき『社会分業論』（1889）のなかで論じられている。デュルケームにとって、分業は社会的な基礎となる連帯を形成し、それによって個人の利己主義や冷酷さ、勝手気ままさを抑える道徳的効果をもつのである。伝統的社会の連帯はいわゆる機械的連帯といい、価値と氏族や種族のなかで共通に認識しているシンボルを信頼することで統合されている同質性を特徴としている。このような社会にあって、個人や制度は相対的に同質的である。これに対して近代社会は有機的連帯を必要とする。

そこでは個人的な信念や価値が強調され、また個人として専門的な能力を発揮するよううながされ、制度の中での異質なふるまい（例えば家族という制度のなかで営まれているそれぞれの家族の生活様式）も許される。しかし経済的分業は、市場の不規則さゆえに連帯をくずし、個人の欲望を拘束し、社会的正義の土台をゆるがせ、そして分業の異常な形式を産みだす、という生活様式を到来させる。

強制された分業は階級と政治的闘争を結びつける。有機的連帯が十分に機能するためには、相続した物や不正な契約を理性的に抑制し、職業生活と産業社会で生活する個人を統合する制度が要請される。それが教育の役割なのだ。機械的連帯から有機的連帯へと変動する社会のなかで、デュルケームは生涯にわたって道徳に関心をいだいたのである。

2．マックス・ヴェーバー（Max Weber 1864～1920）

ドイツ生まれの社会科学者であるヴェーバーの学問的業績は、複合的でしかもその計画も未完に終わるしかないほど遠大な構想であった。現在でも社会学的研究がとりあつかう対象の解釈や研究の着想において汲めども尽きぬ源泉となっている。しかし彼の膨大な業績は、「いかにしてわれわれが今日あるようになったかを理解すること」（レヴィット：傍点訳書　1966）という一点に集約される。すなわちヴェーバーは19世紀末の資本主義を市民のもとめた合理化とその背後にある宗教倫理をキーワードにして、社会を解剖した。

ヴェーバーは、「人間の社会的行為の主観的意味を理解する」という理解社会学の立場にたつ。この社会学はデュルケームの社会科学的実証主義とはちがい、自然科学と社会科学を峻別し、さらに社会科学を人間科学とでもいうべき領域に引き寄せる。その背後にはわれわれの知る働きに欠くことのできない性質が、外の世界を写真で撮ったときのようにそのままを心に映すのではなく、外の世界を心で加工することであり、言いかえれば外の世界を心のなかで創造することであるという考えにささえられている。したがって「主観的意味」とは、他者との関係において客観的世界を行為者が外の世界を知ると同時に積極的に加工する、あるいは創造するという、たんなる動機以上の高い意識や態度をさすのである。したがって社会的行為は、行為者にとって相手を理解するためにむけられた行為であるから、自分の尺度をもって相手のなかに入って意味を理解することなのである。ここで注意すべきことは個人の心理を分析するのではなく、特定の歴史的文脈において大量規模の現象を行為者の心の内側をとおして観察するということである。このとき行為は理念型をとおして分析される。それは、ある目的のためにもっとも理にかなった手段をとる目的合理的行為、本源的な倫理や美などの価値に志向している価値合理的行為、感情のはたらきやそれに基礎をおく感情的行為、つねに変わらずにそのようにおこなってきた伝統的行為の四つである。

この方法を研究に応用した著作が、有名な『プロテスタンティズムの倫理と資本主義の精神』(1955、65) である。先のレヴィットにならうなら、資本主義的な企業家の精神とプロテスタントの信仰のひとつであるカルヴァン主義 (Calvinism) との同時的な結合の結果が、どのような今日 (当時の) をつくったのか。資本家の究極の目的はうまく世渡りをしながら利潤を追求することである。貨幣の蓄蔵のみに走り回る人々は資本家に限らずいつの時代にもいた。ヴェーバーによれば近代の資本主義ではそのような行動ばかりではなく、労働者も資本家もそれぞれが自分の職業活動の内容を義務として自覚するという考えが資本主義の文化を構成している。人々はそれを集団に共通する生活態度（エートス）として教育し、職業とはなにか、ということを理解しなければならないと考える。その結果、資本家も労働者も職業を使命さらには天職として自覚したことが、当時向上をめざしていた経営者たちの考える近代資本主義を強力に推進する力となったのである。さらに経営者は、計数的処理による合理化、経済的目標を達成するための計画的で実務的な仕事の仕方をより効率的に実践する。これが新しい経営者である。

さて、経営者の天職をささえたエートスは、宗教改革で単独者の内面的な孤立性を救済したカルヴァンの神の絶対主権にうらづけられた予定説である。この説によれば、世界の被造物はすべて神の恩恵や意志によっておさめられるので、人間の意志や計画も神のおさめるような方向に定められるのである。神の道具となった人間が神に応えるためにはこの世で徹底した禁欲をつらぬき、それによって合理性の限界としてある非合理的な孤独を埋め、自らの仕事を天職とするという合理主義的思考をもって職業意識を高めたのである。

近代化の過程において、科学的考え方や合理的思考が職業に内包されていた宗教的信念や実践、宗教的組織をも後退させた。この現象は世俗化といわれる。この結果、論理と合理化が能率的な経営をめざして、企業はいうまでもなく学校、官庁、軍隊、政党などの運営にもっとも適している、ヴェーバーによれば近代社会に刻印される官僚制という組織がつくりあげられた。組織内は、①組織目標を達成するために地位と役割にもない規則的活動が義務として配分されていること、②組織内のランクに応じて命令と強制の権限が配分されており、③これらが目標達成のために計画的に配慮されていること、④公私が分離されていること、などといった規則が配されている。しかし、合理化を追求するあまり、そこで働いている人は組織の歯車に徹するほかなく、しかも歯車であることにたえられず、組織内にとどまれない人もあらわれる。ヴェーバーは、進化していく合理化を悲観的にみていた。

現代の社会では、行為者は合理化のなかにあって、内面に反映するカリスマ的要素を合理化とどのようにつき合わせ、継続していくかが問われている。

3．ゲオルク・ジンメル (Georg Simmel 1858〜1918)

ジンメルは大学の教授として人生の最後の四年間をシュトラスブルグで過ごしたほかは、ベルリンを生活の拠点として活動した。また彼の研究内容は、他の第二期の社会学者たちとちがい、自説を要約されることや体系化されることを拒んでいるように思われる。これはコントやスペンサーの百科全書的総合社会学から距離をおくことにほかならなかった。彼の著作はカントやゲーテの研究、文化や宗教、貨幣、資本主義、ジェンダー、集団、都市そして愛情にまでひろがっている。

ジンメルによれば、社会は日々の人びとのたえまない営みによって構成されている。営みは心的相互作用といい、いわば日常の流動的な人間関係こそ社会を形成していると主張するのである。この点からみれば社会は社会化といってよい。こうした観点からジンメルは内容から形式を区別し、あらゆる内容を横断する形式を抽出したのである。これが形式社会学である。家族や戦争、教育、政治という「内容」があるとすれば、これらの内容に共通するひとつが闘争という「形式」である。社会形式の一つである闘争は、日々の家族の営みや政治活動など、ことなった集団のあいだにも同じく生ずる。このように内容は多種多様であるけれども、形式は日々の人びとの営みに系統的にみられる特徴として生ずる。さまざまな集団の形式には、孤独、二人関係、とりわけ社会の成立条件である三人関係が共通にみられるし、水準を超えている上位と従属する集団関係からは闘争、競争、連合が発生する。またアイデンティティと役割からはよそ者（stranger）や貧困が、暴露するという行動からは秘密や秘密結社が、進化することから価格や交換が、それぞれ形式としてみられる。これらの形式は二項対立の類型となっている。闘争を例にとると、個人のレベルでは憎悪と嫉妬、窮乏と熱望のような非合理的なものが闘争の原因であるものの、社会のレベルでは対立する者との間の緊張の解放でもある（阿閉：1979）。おうおうにして教育や家族やメディアなどといった内容をあつかうことに意義をみいだしている社会学が多いなかで、形式社会学はそういう方法から離れている。その目的は社会現象の間を横断し、そこに形式という現象を包括するプロセスに関連させることと、また社会的に構成された形式のパターンをさぐりだすことにあった。

他者から見て身体的あるいは道徳的にごく平凡であることに疑いをもたず、個性を強調するものの、他者から私のちがいをみつけられたとき、他者は好ましくない印すなわちスティグマを貼る。またそれぞれの生き方を尊重するというものの、個人と社会のあいだに横たわる構造化された社会的不平等を生む教育や所得あるいは文化財への接触の程度は階層化という生活の優劣を示す。あるいは高度な社会分化の結果としてあらわれる個人主義は秘密をより深くする。どんな秘密であれ、それがあきらかになるとわれわれも心安くなる。

これらを差別、文化資本の不平等な配分と悪循環、情報面の人権、と読み替えるとき、先の家族や教育あるいはメディアといった内容を横断する形式となっている。ジンメルは分化していく社会にあって、たえず流動する生をもつ個人と彼らのつくる形式との関係を、つくりあげられた形式の固定化を越えていこうとする生と対立することを指摘した。形式はすぐれて現代的な個人と社会の問題を提起している。

さきにジンメルは人生のほとんどをベルリンという大都市で過ごしたといった。19世紀の産業都市はこれを解明する新たな社会学を待っていたが、都市化によるコミュニティと社会統制のゆらぎをみた社会学者たちは、失われた牧歌的農村の社会への回帰にあこがれ、反都市化の立場をとった。しかしジンメルは大量の人口をかかえる大都市の人間関係の精神的態度を冷淡という形式にみる。貨幣経済はわれわれに正確な計算に慣れるよう強制する。それも貨幣が質よりも量を重視することによって、分化にともない時間の厳守の要求する諸活動と諸関係は絶対的となる。例えばある時間ある場所を通過しなければならない列車に何らかのトラブルが発生した場合、時間の遅れは他の列車の発着時刻に影響する。時間の遅延は、量に換算され、列車を経営する人や利用する人びとの生活の損失となってあらわれる。それを理解しながら生活するわれわれの意識は量に依存しているので、個性を欠いた存在である。しかし個性をはなれた冷淡は、無関心であるとともに個人に自由をあたえる。そこでは個人は集団の分化にともなって新たな責任を負う。また集団の分化は能力の水準を優劣に区分し、さらに集団を分化させることによって特定の目的をはたす機能集団を増加させ、所属集団に対する個人の一面的な接触をうながす。その結果個人は独立性と人格的な特殊性を発達させることになる。「大都市と精神生活」(1976) のなかの「物言わぬ大都市」とそこで生活する住民の精神との関係を分析する視点と社会分化の観点は、小都市との対比において進化論の影響を受けている。

3 第三期――パーソンズとそれ以後の社会学

1．タルコット・パーソンズ (Talcott Parsons 1902～1979)

第二次世界大戦後の20～30年間、英語圏の社会学者といえばパーソンズその人が抜きんでた存在であった。彼は大学卒業後、ヨーロッパに渡りデュルケームの全体論的視点やヴェーバーの方法的個人主義をはじめ、さらに経済学者のマーシャル (Alfred Marshall)、社会学者でありかつ経済学者でもあつたパレート (Vilfredo Pareto) の研究をつづけた。もちろんマルクスの研究もそのなかにはいっていた。パーソンズの社会学理論は、豊かなアメリカ社会から生まれたものだとみなされた。しかし1960年代後半の豊かさゆえに混乱したアメリカ社会にあって、パーソンズの理論は社会学としての実践を問われることになる。

パーソンズの理論を理解するうえで、システムという用語は重要である。システムの内容には、ある環境のなかで同一性をもちつづけるものでありながら、環境と区別されしかもいつでも環境を処理できる自由なシステムでなければならない、というあいまいさがつきまとっている。たとえばここに何日も餌にありつけなかった犬がいるとしよう。餌をあたえると犬は空腹を満たすために（目的）、いきおいよく餌をたべはじめる。しかし空腹が十分満たされると、それ以上の餌を食べない。なぜなら犬の内部を構成する諸器官のしくみ（構造）が、食べ続けることを抑えるはたらき（機能）をするからだ（自己制御）。過食によって犬が死ぬということがあったとしても、それはシステムの維持を優先することからすれば例外とされる。システムは例外をとりあつかわない。このように同一性を持続するシステムの働きとは、生命体は環境を処理するにあたって規則的であること、また環境からの刺激によってシステム化している生命体の内部で安定性を維持するためにその刺激を効果的にとりいれることにある。この二点が安定性をもとめるシステムの構成要素といえよう。システムはつねに安定性という目標を志向しており、目標の達成は環境を適切に処理したことになる。このホメオスタシスといわれる生命体のシステムを、パーソンズは社会システムを組み立てる要素の一つとして応用した。それがＡＧＩＬ図式といわれる社会システム論である。社会システムは分析を目的とするには相対的で依存的である。したがって個人はもちろん家族やさまざまな集団の分析に応用される。この応用される対象を下位システム（sub-system）という。こうしてパーソンズは、社会化によって個人に内面化される規範と価値をよりどころとして行為者を設定する。システムを組織や小集団あるいは社会にひろげると、社会も行為のシステムとなる。したがって社会システム論における行為は目的と自己制御にもとづいて展開される。これがパーソンズの「個人と社会」である。

目的に向かってそれを実現することは、環境を適切に処理する行為となってあらわれる。システム内の行為のパターンは、目標実現のための行為を絞るためにさまざまな進路を想定し、そのためには必要なことをなんでもやってみることである〔Ｇ（goal＝目標）〕。そのようにある一つの行為を追求することは、目的に到達する行為の条件となる。そのために手段に目的到達への計画を組み込むことが必要となる。それは目的達成への進路の選択であり、その人の能力であり、ふさわしさそして意志などによる〔Ａ（adaptation＝適応）〕。目的実現への意志が決まれば、それを実行に移すことになるのだが、人間関係でストレスや緊張を強いられたり、トラブルやその他さまざまな問題をかかえたりすることなどにも、あらかじめ見通しをたてておかなければならない〔Ｉ（integration＝統合）〕。そして、実際にうまくいかなかったときにその行為をもとにもどす関係性を他者とともに維持していなければならないのである〔Ｌ（latency＝潜在性）〕。

ＡＧＩＬ図式は行為を四つに分割した固定されたしくみとしくみが依存しあうはたらきをもって構造－機能主義とよばれている。今ひとつくわえるならば、歴史の進化につれて、Ａは「生理システム」、Ｇは「パーソナリティシステム」、Ｉは「社会維持システム」、Ｌは「文化システム」という専門的な機能をもつことになるとパーソンズはいった。彼の理論は社会学の一時代を築いたゆえに、批判もあびた。

２．象徴的相互作用主義学派（symbolic interactionism）

アメリカの社会心理学理論のリーダーである象徴的相互作用主義は、相互作用をとおして発生する意味を研究対象としている。日常生活の意味を分析し続けてきたことが、何よりもの財産となっている。少人数を観察する調査、そこで生まれる相互の親密性をとおして、人間関係を理解することがこの学派の基礎となっている。この学説に影響を与えた思想は、プラグマティズム、シカゴ学派という伝統的な社会学、そしてミード（George Herbert Mead）の理論である。ちなみに象徴的相互作用主義という名称はミードの後継者であったブルーマー（Herbert George Blumer）によっている。

人間は言語を中心とするシンボル＝象徴をあつかう唯一の動物である。人はこれをもちいて文化を形成し、歴史を伝えてきた。意味はいま生活の営みのなかにある、身体、感覚、自我、自伝、さまざまな状況など、ひろく社会的世界に宿っている。この学派は、日常生活をこのようにとらえているから、参与観察による社会調査を戦略としている。この戦略は、調査する過程で調査する側にシンボルと意味をもたらす。こういえば記号学と似ているように思えるが、調査のなかで発生する意味は、変わりやすく、あいまいなものであり、しかも調査の方法や過程にしばられるのである。この学派の関心はそこにあるので、言語構造を対象とする記号学とは立場を異にする。

次にこの学派の重要な用語は「発生」と「過程」である。社会的世界はつねに流動的であらたな意味をうみだすネットワークである。しかも状況はたえず成果の変わりやすい場面にであっている。われわれの日常生活は変化と生成をくりかえし、社会的世界にあって、確かな生活の安定を実感することはなかなかできない。この学派は社会的世界に確固とした社会構造を求めるのではなく、意味を確かめることであって、適応や結果と一致する行為の流れに気をとめることを目的とする。キャリア、交渉の秩序（negotiated order）、発生、出会い、印象操作などといった用語は、この学派の発生と過程という発想にみちびかれている。

ところで社会的世界内での相互作用にのみかかわると、個人そのものが置きざりにされたようにみえる。しかし個人は他者とかかわって生きざるをえない。したがってこの学派が分析する個人とは他者とかかわっている個人、すなわち自我（self）である。自我は、鏡に自分を映すように、自分自身を対象としてみる。また役割取得の過程をとおして、他者の役割を自分にもむけてみる。クーリーの鏡像自我（looking-glass self）や、さきの発生や過程という考えをしめし、自我についてさらに観点をひろげたミードらの貢献はこの学派の個人についての考えを決定づけている。

相互作用主義はたしかにシンボルや過程をもとにして、社会生活のパターンや形式の基礎を決定する相互作用をみている。この考え方はジンメルの心的相互作用から引きだされたともいえる（Rock：1979）。相互作用主義者は、役割を遂行する個人の生活経験すべてを社会過程から観察している。そのさい共通点のないような集団に共通の過程がみられることに気づかせる。例えば医師の集団と患者の集団は、治療する側とされる側という支配的な立場にあるが、この支配は治療を続けて病気を治す協働という形式にささえられている。

象徴的相互作用主義は、1960年代にはブルーマーをはじめとしてミードの自我のうち自発的側面である「I」を強調することで、パーソンズの理論に挑戦した。1990年代からは、ポスト構造主義、記号学、フェミニズム、文化研究などに関心の範囲をひろげている。

３．現象学的社会学とエスノメソドロジー

現象学的社会学とエスノメソドロジーは、ヴェーバー以来の「理解の方法」の系列に属しており、両者の理論的関係は

深い。

現象学的社会学はフッサール（Edmund Husserl）の展開した現象学に発している。それは意識を現象学的に研究しようとする。われわれの意識は、例えば目のまえにあるコップについて、自分にとって確かでありうる知識だけをむける。毎日使っているコップについて、材料や価格、デザイン、大きさなどをいちいち気にとめたりせず、いつものコップとしてあることを疑わない。しかし世界を経験することは、ごく自然にコップのような対象を知覚することから数学の公式のような知識までのすべてをふくんでいるから、われわれの経験には偏りがある。フッサールによれば、経験は意識によってしかも意識のなかで構成されるとみなされるのである。コップがあってそれをみている私がいるのではない。コップが偏りをもった私の意識のなかにどのように現れたか、コップがあると確信するに至った事実だけに目をむける。したがってこの意識の過程を明確にするためには、まずコップについてすでに知っているという私の意識の偏りは無視（判断停止）されなければならない。そして知識がどのように意識のなかにはいりこむのか、また意識にはいる過程はどのような仕組みになっているのかという疑いから始めなければならない。コップを見ている私の意識をこのように考え記述することを現象学的還元という。物事を当たり前のこととしないで、「意識がとらえた事実そのものへ」という方法を積み重ねるフッサールの方法は、社会学にも影響をあたえた。

このフッサールの現象学の方法を社会学に活かし、現象学的社会学を構築した人がシュッツ（Alfred Schutz）だった。フッサールの説を継ぐならばシュッツは、基本的に異なった経験をしている人びとが、なぜ世界を疑いもしないで常識や科学的知識を共有できるのだろうかという自然的態度を解明することからはじめなければならない。日常の生活世界は、私が生まれるまえからあり、そこに蓄積されている知識にもとづいて、行動し、抵抗し、そしてそれに働きかけることができる。そして今も同時代の人々とともに生活している。

ところで意識の根本的な作用は、類型化にある。意識の作用は経験を象徴的にまとめ、流動している意識のなかでさしあたって必要とおもわれることに注目し、モノや人の典型的なモデルを構築する。なぜなら人は日常の生活世界を支配し、他者とともに追求している目標を実現するために社会的世界を変えねばならないからである。人は他者とともに生きているだけではなく、他者に対して生きてもいるのだ。したがって社会的世界は自分の世界だけではなく最初から他者と共通する世界（相互主観的世界）である。そこで社会学者のなすべきこととは、社会的世界の合理的モデルを類型化することである。類型化のためには、行為者が自分にしか経験できない行為を説明できるようになること（自己理解）にほかならない。このようなわれわれの類型化する能力は、他者の行為の意図（目的動機）を自分の想像のなかで再現し、それに対応する自分の行為を想像のなかで演じられる能力にほかならない。これによって他者理解ができるようになるのである。この方法はシュッツから社会学への重要な貢献のひとつとなっている。

1920年代に隆盛した現象学は、1960年代の後半あたりに社会学の資源のひとつとしてよみがえった。そのなかでもっともながい影響力をうけたのは、エスノメソドロジーである。バーガー（Peter Berger）とルックマン（Thomas Luckmann）は、これからの社会的行為と社会構造を結びつけようと、現象学にもとづいた社会理論を考察した。すなわち社会的世界は、個人および集団が類型化の過程において相互主観的に構成するものであり、したがって類型化をつくりあげる個人や社会集団にまさっている。それゆえ個人と集団は客観的な相互主観的な特質をうけいれるのである。

エスノメソドロジーは、ガーフィンケル（Harold Garfinkel）による造語である。この理論はフッサールとシュッツ、バーガーらの考察はいうまでもなく、言語哲学をも養分としている。ちなみに20世紀の哲学のひとつの流れに、言語と言語の用法を研究対象とする、いわば言語学への回帰現象がみられる。エスノメソドロジストは、社会生活とは言語の実践をとおして、社会構造としての現象であれ人間関係であれ、たえず何らかの意味を維持していると考える。言語をとおした実践は、構成的に創造と再創造をくりかえしているといえよう。エスノメソドロジーはethnomethodologyと表記され、日常会話をもって社会秩序を構成する方法を探る。ethnoないしはエスノグラフィーは「人びとを観察する」という意味である。methodは「方法」のことで、この方法は会話のやりとりから話者の意味を探ることである。そのさい、観察者が話者のところへ出かけていき、調査者と調査対象者が社会を構成することを前提にしているので、必然的に調査者も調査に参加し自分自身をも観察のなかに含むことになる。logyはそうした「研究」を意味している。

このことからエスノメソドロジーでは、文脈状況表示性indexcalityと文脈状況再帰性reflexivityという二つの用語が重要となる。日常会話では、いちいち意図を語らずに発することが多い。発せられたコトバには、表現があいまいで、どのようにでも解釈できることが多い。だから会話では事物やできごとの文脈が必要となる。発話のさいの話し手のキャリアやそれに関連するさまざまな事項、意図や目的、あるいは発話の場、話し手と聞き手の関係などが発話の意味を固定させる文脈にあたるものである。これが文脈状況表示性である。発話の意味の多様性に対して、聞き手がどのようにそれに意味を与えるかが、問われるのである。一方で話者も聞き手に対して文脈表示性を改善しながら、自分でも文脈をつくる。ここでは話者と聞き手がお互いにメッセージの理解を補い合っているのだ。

日常会話の過程は省略の多いものであっても、われわれに秩序（リアリティ）感覚をもたらす。互いに会話をしているという事実を互いに解釈することで、その場（リアリティ）がよくわかってくる。文脈状況再帰性とは、ここでは会話によってその場があきらかにされ、会話もその場に依存していることをいう。したがって会話には、「これで終わり」という答えはないのである。会話はリアリティをつくり、リアリティは会話をつくるという関係である。したがって秩序の感覚は会話によって創作される。それでも人は自分たちをとりまいてしまっている秩序を、全部話さなくてもわかるので、会話を自分できちんとコトバにして考えてみることはない。エソノメソドロジストにとって、ある状況をコトバで表すことは同時にコトバを創っていることである、ということになる。

4. ミッシェル・フーコー (Michel Foucault 1926-1984)

フーコーは、構造主義のはしりだった1960年代の後半に、この思想を支持する人とともに「私が考えるのではない、私は考えさせられているのだ。私が語るのではない、私は語られているのだ。私が行動するのではない、私は行動させられているのだ。すべては言語から発し、またそこに戻るのだ」（ドムナック：傍点訳書　2004）という、人間にかわって言語を主体とする考え方から出発した。後に彼はフランスのポスト構造主義の哲学者として世界的な評価をえただけではなく、社会学にも大きな影響を与えることになる。そこでフーコー著作の分類を、狂気、医療、囚人、セクシュアリティに分け、それぞれの要点をみていこう。

彼は狂気を精神医学の誕生と隔離することでおされる烙印に象徴されるとみており、その観点から理性と非理性の世界の発生、すなわち非理性から理性を解読する。ルネッサンスから19世紀までの社会史における理性についての考察は、フーコーのおおきな関心であった。次の医療では、死体を解剖するという方法から、死と病気をみるという近代医学の観点が生まれたとみる。身体を診る観点を外部から内部へ移したいという好奇心は、医学に人間を科学的にみることを許した。これによって人間は実証的知識の対象となった。

続いてフーコーは刑務所における権力に関心を移す。それまで否定的に語られてきた権力は、囚人を古い時代の公開処刑から近代的な刑務所の時間割に埋めこむことによって、身体の規則性から精神の規則性へと形を変えた。これは、囚人を身体の外部から物理的な強制力で変えるのではなく、いかにして時間割という規律に対して訓練によって適応する精神的身体につくりかえることができるかということである。そのために刑務所のなかでは、監視や格付け、ヒエラルキー、規律と訓練、社会統合という方法が観察できるのである。そしてこの方法は、近代の社会集団の統合のモデルとなった。

フーコーの性にかんする考察は未完に終わった。ここでは知の構造（エピステーメ）が身体をふくむ社会的対象やコトバそのものからも身を引いて言語は語ることをやめ、言語のための言語、言語の自己反省をとおして分析のための言語となる。こうして言語は権力を構成し、それを働かせることになる。ここでは性的抑圧という言説を語られた出発点に返してやることにより性を語る人、性を語る場所、性を語る視点つまりこうして性を語り続ける制度をあばくのである。

フーコーは、非理性から理性の性質を、死の観点から形成される医学を、物理的な処罰ではなく規律と訓練をとおしてつくられる従順な身体を、性の抑圧から性にかんする制度の言説をあきらかにする。この知と権力の密接な結びつきをあきらかにすることは、近代社会をつくってきた理性のもつ暗部を照らしだした。理性はたしかにわれわれの生活を変えてはきたが、フーコーは人間の理性すなわちゆるぎない主体性を強調しがちな考え方を見直すきっかけをつくったといえるのである。

【引用・参考文献】

- 阿閉吉男『ジンメル社会学の方法』お茶の水書房, 1979.
- 井上俊・上野千鶴子・大澤真幸・見田宗介・吉見俊哉編『岩波講座 現代社会学 別巻 現代社会学の理論と方法』岩波書店, 1977.
- ヴェーバー，M.『理解社会学のカテゴリー』林道義訳, 岩波書店, 1968（原著, 1913）.
- ヴェーバー，M.『プロテスタンティズムの倫理と資本主義の精神』梶山力・大塚久雄訳, 岩波書店, 1955/1962, 岩波書店（原著, 1920）.
- エルマン, J.『社会学の言語』原山哲・樋口義広共訳, 白水社, 1993（原著, 1989）.
- コリンズ, R.『ランドルコリンズが語る　社会学の歴史』友枝敏雄訳者代表, 有斐閣, 1997（原著, 1994）.
- 作田啓一・井上俊編『命題コレクション社会学』筑摩書房, 1986.

●塩原勉『社会学の理論 I 体系的展開』放送大学教育振興会, 1985.
●塩原勉編『社会学の理論 II 歴史的展開』放送大学教育振興会, 1985.
●シュッツ, A.『現象学的社会学』森川眞規雄・浜日出夫訳, 紀伊國屋書店, 1980（原著, 1974）.
●ジンメル, G.『社会学の根本問題』清水幾太郎訳, 岩波書店, 1979（原著, 1917）.
●ジンメル, G.『社会学』居安正訳, 1994（原著, 1923）.
●ジンメル, G.「大都市と精神生活」『ジンメル著作集12』居安正他訳, 白水社, 1976（原著, 1957）.
●デュルケーム, É.『社会学的方法の基準』田辺寿利訳, 有隣堂出版, 1966（原著, 1895　岩波文庫版もあり第一章文献参照）.
●ドムナック, J.=M.編『構造主義とはなにか』伊藤守男・亀谷利一訳, 平凡社, 2004（原著, 1967）.
●富永健一『現代の社会科学者』講談社, 1984（学術文庫版, 1993）.
●中山元『フーコー入門』筑摩書房, 1996.
●浜島朗「社会学的認識と価値判断」作田啓一・日高六郎編『社会学のすすめ』筑摩書房, 1968.
●本田喜代治『社会学史入門　社会史的考察』培風館, 1962.
●ミード, G.H.『19世紀の思想運動』河村望訳, 人間の科学社, 2002（原著, 1936）.
●ライター, K.『エスノメソドロジーとは何か』高山眞千子訳, 新曜社, 1987（原書, 1980）.
●レヴィット, K.『ウェーバーとマルクス』柴田治三郎・脇圭平・安藤英治訳, 未来社, 1966（原著, 1960）.
●Rock, Paul, *The Making of Symbolic Interactionism*, The Macmillan Press Ltd., 1979.

事項・人名索引

【ア行】

【カ行】

【サ行】

【タ行】

【ナ行】

【ハ行】

【マ行】

【ヤ行】

【ラ行】

【ワ行】

●執筆者紹介

久門道利（くもん　みちとし）

●1946年生まれ
●元 日本福祉教育専門学校校長
●専攻　家族論・医療社会論・社会福祉論

齊藤幹雄（さいとう　みきお）

●1948年生まれ
●東北福祉大学教授
●専攻　産業社会学

杉座秀親（すぎざ　ひでちか）

●1952年生まれ
●尚絅学院大学教授
●専攻　生活文化論

山本一彦（やまもと　かずひこ）

●1953年生まれ
●道都大学教授
●専攻　コミュニケーション論

石川雅典（いしかわ　まさのり）

●1960年生まれ
●常葉大学教授
●専攻　社会調査論・地域社会論

スタートライン社会学

平成17年３月15日　初版１刷発行
平成28年５月30日　　同　６刷発行

著　者　久門道利・齊藤幹雄・杉座秀親
　　　　山本一彦・石川雅典

発行者　鯉渕　友南

発行所　株式会社 弘文堂　101-0062 東京都千代田区神田駿河台１の７
TEL 03(3294)4801　振替　00120-6-53909
http://www.koubundou.co.jp

装　幀　笠井　亞子

印　刷　図書印刷

製　本　井上製本所

ISBN4-335-55099-5